DÉFENSE

DE

L'ESPRIT DES LOIX,

A laquelle on a joint quelques
ECLAIRCISSEMENS.

Le prix est de trente sols broché.

A GENEVE,
Chez BARRILLOT & FILS.

M. D. CC. L.

DEFENSE

DE

L'ESPRIT DES LOIX.

PREMIERE PARTIE.

ON a divisé cette Défense en trois parties. Dans la premiere on a répondu aux reproches généraux qui ont été faits à l'Auteur de l'Esprit des Loix. Dans la seconde on répond aux reproches particuliers. La troisiéme contient des réflexions sur la maniere dont

A

on l'a critiqué. Le Public va connoître l'état des choses, il pourra
juger.

I.

QUOIQUE l'Esprit des Loix soit
un Ouvrage de pure politique & de
pure jurisprudence, l'Auteur a eu
souvent occasion d'y parler de la
Religion Chrétienne : il l'a fait de
maniere à en faire sentir toute la
grandeur ; & s'il n'a pas eu pour objet
de travailler à la faire croire, il a
cherché à la faire aimer.

Cependant dans deux feuilles (*)
périodiques qui ont paru coup sur
coup, on lui a fait les plus affreuses
imputations. Il ne s'agit pas moins
que de savoir, s'il est Spinosiste &
Déiste ; & quoique ces deux accusa-

(*) L'une du 9 Octobre 1749, l'autre du 16 du
même mois.

tions soient par elles-mêmes contradictoires, on le mene sans cesse de
l'une à l'autre. Toutes les deux étant
incompatibles, ne peuvent pas le rendre plus coupable qu'une seule, mais
toutes les deux peuvent le rendre plus
odieux.

Il est donc Spinosiste, lui qui dès
le premier article de son Livre, a
distingué le monde matériel d'avec
les intelligences spirituelles.

Il est donc Spinosiste, lui qui dans
le second article a attaqué l'Athéisme.
*Ceux qui ont dit qu'une fatalité aveugle a
produit tous les effets que nous voyons dans
le monde, ont dit une grande absurdité ;
car quelle plus grande absurdité, qu'une
fatalité aveugle, qui a produit des Etres
intelligens ?*

Il est donc Spinosiste, lui qui a
continué par ces paroles : *Dieu a du
rapport à l'Univers, comme Créateur &
comme Conservateur* (*) ; *les Loix selon*

(*) Livre I. Chapitre 1.

lesquelles il a créé, sont celles selon lesquelles il conserve ; il agit selon ses regles, parce qu'il les connoît ; il les connoît, parce qu'il les a faites ; il les a faites, parce qu'elles ont du rapport avec sa sagesse & sa puissance.

Il est donc Spinosiste, lui qui a ajoûté : *Comme nous voyons que le monde (*), formé par le mouvement de la matiere & privé d'intelligence, subsiste toujours*, &c.

Il est donc Spinosiste, lui qui a démontré (**) contre Hobbes & Spinosa, *que les rapports de justice & d'équité étoient antérieurs à toutes les Loix positives.*

Il est donc Spinosiste, lui qui a dit au commencement du Chapitre second : *Cette Loi, qui en imprimant dans nous-mêmes l'idée d'un Créateur, nous porte vers lui, est la premiere des Loix naturelles par son importance.*

Il est donc Spinosiste, lui qui a

(*) Livre I. Chapitre 1.
(**) Livre I. Chapitre 1.

combattu de toutes ses forces le paradoxe de Bayle : qu'il vaut mieux être Athée qu'Idolâtre ? Paradoxe dont les Athées tireroient les plus dangereuses conséquences.

Que dit-on après des passages si formels ? Et l'équité naturelle demande, que le degré de preuve soit proportionné à la grandeur de l'accusation.

PREMIERE OBJECTION.

L'Auteur tombe dès le premier pas ; les Loix dans la signification la plus étendue, dit-il, sont les rapports nécessaires qui dérivent de la nature des choses. Les Loix des rapports ! cela se conçoit-il ? . . . . Cependant l'Auteur n'a pas changé la définition ordinaire des Loix sans dessein. Quel est donc son but ? le voici : Selon le nouveau système, il y a entre tous les Etres, qui forment ce que Pope appelle le Grand-Tout, un enchaînement si nécessaire, que le moindre dérangement porteroit la confusion jus-

qu'au Thrône du premier Etre ; c'est ce qui fait dire à Pope, que les choses n'ont pû être autrement qu'elles ne font, & que tout est bien comme il est. Cela posé on entend la signification de ce langage nouveau, que les Loix font les rapports nécessaires qui dérivent de la nature des choses ; à quoi l'on ajoûte que dans ce sens tous les Etres ont leurs loix, la Divinité a ses loix, le monde matériel a ses loix, les intelligences supérieures à l'homme ont leurs loix, les bêtes ont leurs loix, l'homme a ses loix.

RÉPONSE.

Les ténébres mêmes ne font pas plus obscures que ceci. Le Critique a oüi dire, que Spinofa admettoit un principe aveugle & néceffaire qui gouvernoit l'univers ; il ne lui en faut pas davantage : dès qu'il trouvera le mot néceffaire, ce fera du Spinofifme. L'Auteur a dit que les Loix étoient un rapport néceffaire ; voilà donc du

Spinofifme, parce que voilà du néceffaire : & ce qu'il y a de furpre-
nant, c'eft que l'Auteur chez le Critique fe trouve Spinofifte à caufe de
cet article, quoique cet article com-
batte expreffément les fyftêmes dangereux. L'Auteur a eu en vuë d'attaquer le fyftême de Hobbes, fyftè-
me terrible, qui faifant dépendre toutes les vertus & tous les vices de l'é-
tabliffement des Loix que les hommes
fe font faites, & voulant prouver que
les hommes naiffent tous en état de
guerre, & que la premiere Loi naturelle eft la guerre de tous contre tous,
renverfe comme Spinofa & toute religion & toute morale. Sur cela l'Auteur a établi premierement, qu'il y
avoit des Loix de juftice & d'équité
avant l'établiffement des Loix pofitives ; il a prouvé que tous les Etres
avoient des Loix ; que même avant
leur création ils avoient des Loix
poffibles ; que Dieu lui-même avoit
des Loix, c'eft-à-dire, les Loix qu'il

A 4

s'étoit faites. Il a démontré (*), qu'il étoit faux que les hommes nâquissent en état de guerre ; il a fait voir que l'état de guerre n'avoit commencé qu'après l'établissement des sociétés, il a donné là-dessus des principes clairs ; mais il en résulte toujours que l'Auteur a attaqué les erreurs de Hobbes, & les conséquences de celle de Spinosa, & qu'il lui est arrivé qu'on l'a si peu entendu, que l'on a pris pour des opinions de Spinosa les objections qu'il fait contre le Spinosisme. Avant d'entrer en dispute, il faudroit commencer par se mettre au fait de l'état de la question, & savoir du moins si celui qu'on attaque est ami ou ennemi.

SECONDE OBJECTION.

Le Critique continue : *Sur quoi l'Auteur cite Plutarque, qui dit, que la*

(*) Au Livre I, Chapitre 1,

Loi eſt la Reine de tous les mortels & im-
mortels. Mais eſt-ce d'un Payen, &c.

RE'PONSE.

Il eſt vrai que l'Auteur a cité Plutarque, qui dit, que la Loi eſt la
Reine de tous les mortels & im-
mortels.

TROISIEME OBJECTION.

L'Auteur a dit, que *la création, qui*
paroît être un acte arbitraire, ſuppoſe des
regles auſſi invariables que la fatalité des
Athées. De ces termes le Critique
conclut, que l'Auteur admet la fatalité des Athées.

RE'PONSE.

Un moment auparavant il a détruit
cette fatalité par ces paroles : *Ceux qui*
ont dit, qu'une fatalité aveugle gouverne
l'Univers, ont dit une grande abſurdité :

*car quelle plus grande abſurdité, qu'une fa-
talité aveugle, qui a produit des Etres intelligens?* De plus dans le paſſage qu'on
cenſure, on ne peut faire parler l'Auteur, que de ce dont il parle ; il ne
parle point des cauſes, & il ne compare point les cauſes, mais il parle des
effets, & il compare les effets. Tout
l'article, celui qui le précéde & celui
qui le ſuit, font voir qu'il n'eſt queſtion ici que des regles du mouvement
que l'Auteur dit avoir été établies
par Dieu; elles ſont invariables ces regles, & toute la Phyſique le dit avec
lui; elles ſont invariables, parce que
Dieu a voulu qu'elles fuſſent telles, &
qu'il a voulu conſerver le monde : il
n'en dit ni plus ni moins.

Je dirai toujours que le Critique
n'entend jamais le ſens des choſes, &
ne s'attache qu'aux paroles. Quand
l'Auteur a dit, que la création qui
paroiſſoit être un acte arbitraire, ſup-
poſoit des regles auſſi invariables que
la fatalité des Athées ; on n'a pas pû

l'entendre comme s'il difoit, que la création fut un acte néceffaire comme la fatalité des Athées, puifqu'il a déjà combattu cette fatalité. De plus les deux membres d'une comparaifon doivent fe rapporter ; ainfi il faut abfolument que la phrafe veuille dire ; la création, qui paroît d'abord devoir produire de regles de mouvement variables, en a d'auffi invariables que la fatalité des Athées : le Critique encore une fois n'a vû & ne voit que les mots.

II.

IL n'y a donc point de Spinofifme dans l'Efprit des Loix. Paffons à une autre accufation, & voyons s'il eft vrai que l'Auteur ne reconnoiffe pas la Religion révelée. L'Auteur, à la fin du Chapitre premier, parlant de l'homme qui eft une intelligence finie , sujette à l'ignorance & à l'erreur, a dit : *Un tel Etre pouvoit à tous les inſtans oublier ſon Créateur, Dieu l'a rappellé à lui par les Loix de la Religion.*

Il a dit au Chapitre premier du Livre 24. *Je n'examinerai les diverſes Religions du monde, que par rapport au bien que l'on en tire dans l'état civil, ſoit que je parle de celle qui a ſa racine dans le Ciel, ou bien de celles qui ont la leur ſur la Terre.*

Il ne faudra que très-peu d'équité pour voir, que je n'ai jamais prétendu faire céder les interêts de la Religion aux interêts politiques, mais les unir : or pour les unir, il faut les connoître. La Religion Chrétienne, qui ordonne aux hommes de s'aimer, veut ſans doute que chaque Peuple ait les meilleures Loix politiques & les meilleures Loix civiles, parce qu'elles ſont après elle le plus grand bien que les hommes puiſſent donner & recevoir.

Et au Chapitre ſecond du même Livre : *Un Prince qui aime la Religion & qui la craint, eſt un Lion qui cede à la*

main qui le flate, ou à la voix qui l'ap-
paiſe ; celui qui craint la Religion & qui
la hait, eſt comme les bêtes ſauvages qui
mordent la chaîne qui les empêcha de ſe
jetter ſur ceux qui paſſent. Celui qui n'a
point du tout de Religion, eſt cet animal
terrible, qui ne ſent ſa liberté, que lorſqu'il
déchire & qu'il dévore.

Au Chapitre troiſieme du même
Livre : *Pendant que les Princes Mahometans donnent ſans ceſſe la mort ou la reçoivent, la Religion chez les Chrétiens,
rend les Princes moins timides, & par
conſéquent moins cruels. Le Prince compte
ſur ſes Sujets, & les Sujets ſur le Prince.
Choſe admirable ! la Religion Chrétienne,
qui ne ſemble avoir d'objet que la félicité
de l'autre vie, fait encore notre bonheur
dans celle-ci.*

Au Chapitre quatriéme du même
Livre : *Sur le caractere de la Religion
Chrétienne & celui de la Mahometane,
l'on doit, ſans autre examen, embraſſer
l'une & rejetter l'autre.* On prie de
continuer.

Dans le Chapitre sixiéme : *M. Bayle*,
après avoir insulté toutes les Religions,
flétrit la Religion Chrétienne : il ose avan-
cer que de véritables Chrétiens ne forme-
roient pas un état qui pût subsister. Pour-
quoi non ? ce seroient des Citoyens infiniment
éclairés sur leurs devoirs, & qui auroient
un très-grand zele pour les remplir ; ils
sentiroient très-bien les droits de la défense
naturelle ; plus ils croiroient devoir à la
Religion, plus ils penseroient devoir à la
Patrie. Les principes du Christianisme bien
gravés dans le cœur, seroient infiniment
plus forts que ce faux honneur des Monar-
chies, ces vertus humaines des Républiques,
& cette crainte servile des Etats despoti-
ques.

Il est étonnant que ce grand homme n'ait
pas su distinguer les ordres pour l'établis-
sement du Christianisme d'avec le Chris-
tianisme même, & qu'on puisse lui imputer
d'avoir méconnu l'esprit de sa propre Re-
ligion. Lorsque le Législateur, au lieu de
donner des Loix, a donné des conseils, c'est
qu'il a vû que ses conseils, s'ils étoient or-

donnés comme des Loix, seroient contraires à l'esprit de ses Loix.

Au Chapitre dixiéme : *Si je pouvois un moment cesser de penser que je suis Chrétien, je ne pourrois m'empêcher de mettre la destruction de la Secte de Zénon au nombre des malheurs du genre humain, &c. Faites pour un moment abstraction des vérités révzlées ; cherchez dans toute la nature, vous n'y trouverez pas de plus grand objet que les Antonins, &c.*

Et au Chapitre treiziéme : *La Religion Payenne, qui ne défendoit que quelques crimes grossiers, qui arrêtoit la main & abandonnoit le cœur, pouvoit avoir des crimes inexpiables : mais une Religion qui enveloppe toutes les passions ; qui n'est pas plus jalouse des actions que des desirs & des pensées ; qui ne nous tient point attachés par quelque chaîne, mais par un nombre innombrable de fils ; qui laisse derriere elle la justice humaine, & commence une autre justice ; qui est faite pour mener sans cesse du repentir à l'amour, & de l'amour au repentir ; qui met entre le Juge & le Cri-*

minel un grand médiateur, entre le juste
& le médiateur un grand Juge : une telle
Religion ne doit point avoir de crimes
inexpiables ; mais quoiqu'elle donne des
craintes & des espérances à tous, elle fait
assez sentir que s'il n'y a point de crime,
qui, par sa nature soit inexpiable, toute
une vie peut l'être ; qu'il seroit très-dan-
gereux de tourmenter la miséricorde par de
nouveaux crimes & de nouvelles expia-
tions ; qu'inquiets sur les anciennes dettes,
jamais quittes envers le Seigneur, nous
devons craindre d'en contracter de nouvelles, de combler la mesure & d'aller jusqu'au terme où la bonté paternelle finit.

Dans le Chapitre dix-neuviéme, à
la fin, l'Auteur, après avoir fait sentir les abus de diverses Religions
Payennes, sur l'état des ames dans
l'autre vie, dit : *Ce n'est pas assez pour
une Religion d'établir un dogme ; il faut
encore qu'elle le dirige : c'est ce qu'a fait
admirablement bien la Religion Chrétienne, à l'égard des dogmes dont nous parlons ;
elle nous fait espérer un état que nous
croyons,*

croyons, non pas un état que nous sentions ou que nous connoissons : tout jusqu'à la resurrection des corps, nous mene à des idées spirituelles.

Et au Chapitre vingt-sixiéme, à la fin. *Il suit de-là qu'il est presque toujours convenable qu'une Religion ait des dogmes particuliers, & un culte général : dans les Loix qui concernent les pratiques du culte, il faut peu de détails ; par exemple, des mortifications & non pas une certaine mortification. Le Christianisme est plein de bon sens : l'abstinence est de droit divin ; mais une abstinence particuliere est de droit de police, & on peut la changer.*

Au Chapitre dernier, Livre vingt-cinquiéme : *Mais il n'en résulte pas, qu'une Religion apportée dans un Pays très-éloigné, & totalement different de climat, de loix, de mœurs & de manieres, ait tout le succès que sa sainteté devroit lui promettre.*

Et au Chapitre III. du Livre vingt-quatriéme : *C'est la Religion Chrétienne, qui, malgré la grandeur de l'empire & le vice du climat, a empêché le despotisme de s'établir en Ethiopie ; & a porté au milieu de l'Afrique, les mœurs de l'Europe & ses loix, &c. . . . . Tout près de-là, on voit le Mahometisme faire enfermer les Enfans du Roi de Sennar ; à sa mort le Conseil les envoye égorger en faveur de celui qui monte sur le thrône.*

Que l'on se mette devant les yeux les massacres continuels des Rois & des Chefs Grecs & Romains, & de l'autre la destruction des Peuples & des Villes par ces mêmes Chefs, Thimur & Gengiskan, qui ont devasté l'Asie ; & nous verrons que nous devons au Christianisme, & dans le Gouvernement un certain droit politique, & dans la guerre un certain droit des gens, que la nature humaine ne sauroit assez reconnoître. On supplie de lire tout le Chapitre.

Dans le Chapitre VIII. du Livre vingt-quatriéme : *Dans un Pays où l'on a le malheur d'avoir une Religion que Dieu n'a pas donnée, il est toujours nécessaire qu'elle s'accorde avec la morale ; parce que la Religion, même fausse, est le meilleur garant que les hommes puissent avoir de la probité des hommes.*

Ce sont des passages formels : on y voit un Ecrivain, qui, non-seulement croit la Religion Chrétienne, mais qui l'aime. Que dit-on pour prouver le contraire ? & on avertit encore une fois, qu'il faut que les preuves soient proportionnées a l'accusation : cette accusation n'est pas frivole, les preuves ne doivent pas l'être ; & comme ces preuves ne sont données dans une forme assez extraordinaire, étant toujours moitié preuves, moitié injures, & se trouvant comme enveloppées dans la suite d'un discours fort vague, je vais le chercher.

PREMIERE OBJECTION.

(*) L'Auteur a loüé les Stoïciens, qui admettoient une fatalité aveugle,

(*) Page 165, de la deuxième feüille du 16 Octobre 1749.

un enchaînement néceſſaire, &c. c'eſt le fondement de la Religion naturelle.

RE'PONSE.

Je ſuppoſe un moment, que cette mauvaiſe maniere de raiſonner ſoit bonne : l'Auteur a-t'il loüé la phyſique & la métaphyſique des Stoïciens ? Il a loüé leur morale ; il a dit que les Peuples en avoient tirés de grands biens : il a dit cela, & il n'a rien dit de plus : je me trompe, il a dit plus ; car dès la premiere page du Livre, il a attaqué cette fatalité des Stoïciens : il ne l'a donc point loüée, quand il a loüé les Stoïciens.

SECONDE OBJECTION.

L'Auteur a loüé Bayle (*), en l'appellant un grand homme.

(*) Page 165 de la deuxiéme feüille.

RÉPONSE.

Je suppose encore un moment, qu'en général cette maniere de raisonner soit bonne : elle ne l'est pas du moins dans ce cas-ci. Il est vrai que l'Auteur a appellé Bayle un grand homme, mais il a censuré ses opinions : s'il les a censurées, il ne les admet pas. Et puisqu'il a combattu ses opinions, il ne l'appelle pas un grand homme à cause de ses opinions. Tout le monde sait que Bayle avoit un grand esprit dont il a abusé ; mais cet esprit dont il a abusé, il l'avoit : l'Auteur a combattu ses sophismes, & il plaint ses égaremens. Je n'aime point les gens qui renversent les Loix de leur Patrie, mais j'aurois de la peine à croire que César & Cromwel fussent de petits esprits ; je n'aime point les conquérans, mais on ne pourra guerre me persuader qu'Alexandre & Gengiskan aient été des génies communs. Il n'auroit pas fallu

beaucoup d'esprit à l'Auteur, pour
dire que Bayle étoit un homme abo-
minable ; mais il y a apparence qu'il
n'aime point à dire des injures, soit
qu'il tienne cette disposition de la
nature, soit qu'il l'ait reçue de son
éducation. J'ai lieu de croire, que s'il
prenoit la plume, il n'en diroit pas
même à ceux qui ont cherché à lui
faire un des plus grands maux qu'un
homme puisse faire à un homme, en
travaillant à le rendre odieux à tous
ceux qui ne le connoissent pas, &
suspect à tous ceux qui le connoissent.

De plus, j'ai remarqué que les déclamations des hommes furieux, ne
font guére d'impression que sur ceux
qui sont furieux eux-mêmes : la plûpart des Lecteurs sont des gens mo-
derés ; on ne prend guére un Livre,
que lorsqu'on est de sang froid ; les
gens raisonnables aiment les raisons.
Quand l'Auteur auroit dit mille injures à Bayle, il n'en seroit résulté,

ni que Bayle eut bien raiſonné , ni
que Bayle eut mal raiſonné : tout ce
qu'on en auroit pû conclurre, auroit
été , que l'Auteur ſavoit dire des injures.

TROISIEME OBJECTION.

Elle eſt tirée de ce ſque l'Auteur
n'a point parlé dans ſon Chapitre premier du peché (*) originel.

RE'PONSE.

Je demande à tout homme ſenſé,
ſi ce Chapitre eſt un traité de Théologie? Si l'Auteur avoit parlé du peché originel, on lui auroit pû imputer, tout de même, de n'avoir pas
parlé de la Rédemption : ainſi d'article en article à l'infini.

(*) Feüille du 9 Octobre 1749, pag. 152.

B 4

Quatrieme Objection.

Elle est tirée de ce que M. Domat a commencé son ouvrage autrement que l'Auteur, & qu'il a d'abord parlé de la révélation.

RÉPONSE.

Il est vrai que M. Domat a commencé son ouvrage autrement que l'Auteur, & qu'il a d'abord parlé de la révélation.

Cinquieme Objection.

L'Auteur a suivi le systême du Poëme de Pope.

RÉPONSE.

Dans tout l'ouvrage, il n'y a pas un mot du systême de Pope.

Sixieme Objection.

,, L'Auteur dit que la Loi qui pref-
,, crit à l'homme fes devoirs envers
,, Dieu, eft la plus importante ; mais
,, il nie qu'elle foit la premiere : il
,, prétend que la premiere Loi de la
,, nature eft la paix ; que les hommes
,, ont commencé par avoir peur les
,, uns des autres, &c. Que les enfans
,, favent que la premiere Loi, c'eft
,, d'aimer Dieu : & la feconde, c'eft
,, d'aimer fon prochain.

REPONSE.

Voici les paroles de l'Auteur :
,, Cette Loi (*), qui, en imprimant
,, dans nous-mêmes l'idée d'un Créa-
,, teur, nous porte vers lui, eft la
,, premiere des Loix naturelles, par

____
(*) Livre I. Chapitre 2.

,, son importance , & non pas dans
,, l'ordre de ces Loix : l'homme dans
,, l'état de nature, auroit plûtôt la
,, faculté de connoître, qu'il n'auroit
,, des connoissances. Il est clair, que
,, ses premieres idées ne seroient point
,, des idées spéculatives ; il songeroit
,, à la conservation de son être , avant
,, de chercher l'origine de son être ;
,, un homme pareil ne sentiroit d'a-
,, bord que sa foiblesse ; sa timidité
,, seroit extrême ; & si l'on avoit là-
,, dessus besoin de l'expérience , l'on
,, a trouvé dans les foréts des hom-
,, mes sauvages ; tout les fait trem-
,, bler, tout les fait fuir. '' L'Auteur
a donc dit que la Loi, qui , en imprimant en nous - mêmes l'idée du
Créateur, nous porte vers lui, étoit
la premiere des Loix naturelles ; il
ne lui a pas été défendu , pas plus
qu'aux Philosophes & aux Ecrivains
du droit naturel, de considerer l'homme sous divers égards ; il lui a été
permis de supposer un homme com-

me tombé des nues, laissé à lui-même
& sans éducation, avant l'établissement des sociétés. Eh bien ! l'Auteur
a dit, que la premiere Loi naturelle
la plus importante, & par conséquent
la capitale, seroit pour lui, comme
pour tous les hommes, de se porter
vers son Créateur ; il a aussi été permis à l'Auteur d'examiner, quelle
seroit la premiere impression qui se
feroit sur cet homme, & de voir l'ordre dans lequel ses impressions seroient
reçues dans son cerveau, & il a cru
qu'il auroit des sentimens, avant de
faire des réflexions ; que le premier
dans l'ordre du tems seroit la peur,
ensuite le besoin de se nourrir, &c.
L'Auteur a dit, que la Loi qui, imprimant en nous l'idée du Créateur,
nous porte vers lui, est la premiere
des Loix naturelles ; le Critique dit,
que la premiere Loi naturelle est d'aimer Dieu : ils ne sont divisés que par
les injures.

SEPTIEME OBJECTION.

Elle est tirée du Chapitre premier du premier Livre, où l'Auteur après avoir dit, *que l'homme étoit un Etre borné*, il a ajouté : *Un tel Etre pouvoit à tous les instans oublier son Créateur, Dieu l'a rappellé à lui par les Loix de la Religion*. Or, dit-on, quelle est cette Religion dont parle l'Auteur ? il parle sans doute de la Religion naturelle, il ne croit donc que la Religion naturelle.

RE'PONSE.

Je suppose encore un moment, que cette maniere de raisonner soit bonne, & que de ce que l'Auteur n'auroit parlé là que de la Religion naturelle, on en pût conclurre, qu'il ne croit que la Religion naturelle, & qu'il exclut la Religion révelée. Je dis que dans cet endroit il a parlé de la Religion révelée, & non pas de la Reli-

gion naturelle : car s'il avoit parlé de
la Religion naturelle , il feroit un
idiot ; ce feroit comme s'il difoit ,
Un tel Etre pouvoit aifément oublier
fon Créateur, c'eft-à-dire , la Religion naturelle ; Dieu l'a rappellé à
lui par les Loix de la Religion naturelle : de forte que Dieu lui auroit
donné la Religion naturelle , pour
perfectionner en lui la Religion naturelle. Ainfi , pour fe préparer à dire
des invectives à l'Auteur, on commence par ôter à fes paroles le fens
du monde le plus clair , pour leur
donner le fens du monde le plus ab-
furde , & pour avoir meilleur mar-
ché de lui, on le prive du fens com-
mun.

HUITIEME OBJECTION.

L'Auteur à dit (*) en parlant de
l'homme : ,, Un tel Etre pouvoit à

(*) Au Livre I. Chapitre 1,

,, tous les instans oublier son Créa-
,, teur, Dieu l'a rappellé à lui par les
,, Loix de la Religion : un tel Etre
,, pouvoit à tous les instans s'oublier
,, lui-même ; les Philosophes l'ont
,, averti par les Loix de la morale ;
,, fait pour vivre dans la société , il
,, pouvoit oublier les autres ; les Lé-
,, gislateurs l'ont rendu à ses devoirs
,, par les Loix politiques & civiles.
,, Donc, dit le Critique (*) , selon
,, l'Auteur, le gouvernement du mon-
,, de est partagé entre Dieu , les Phi-
,, losophes & les Législateurs ? &c.
,, Où les Philosophes ont-ils appris
,, les Loix de la morale ; où les Lé-
,, gislateurs ont-ils vû ce qu'il faut
,, prescrire pour gouverner les socié-
,, tés avec équité ?

R E P O N S E.

Et cette réponse est très-aisée ; ils

______

(*) Page 162 de la feuille du 9 Octobre 1749.

l'ont pris dans la révelation , s'ils ont
été aſſez heureux pour cela ; ou bien
dans cette Loi, qui en imprimant en
nous l'idée du Créateur , nous porte
vers lui. L'Auteur de l'Eſprit des
Loix a-t'il dit comme Virgile ? Céſar
partage l'Empire avec Jupiter. Dieu
qui gouverne l'Univers n'a-t'il pas
donné à certains hommes plus de lumieres, à d'autres plus de puiſſance ?
Vous direz que l'Auteur a dit, que
parce que Dieu a voulu que des hommes gouvernaſſent des hommes, il
n'a plus voulu qu'ils lui obéiſſent, &
qu'il s'eſt démi de l'Empire qu'il
avoit ſur eux, &c. Voilà où ſont ré-
duits ceux qui, ayant beaucoup de
foibleſſe pour raiſonner , ont beaucoup de force pour déclamer.

NEUVIEME OBJECTION.

Le Critique continue : ,, Remar-
,, quons encore , que l'Auteur qui
,, trouve, que Dieu ne peut pas gou-

,, verner les Etres libres auſſi bien que
,, les autres, parce qu'étant libres, il
,, faut qu'ils agiſſent par eux-mêmes.
(Je remarquerai en paſſant, que l'Auteur ne ſe ſert point de cette expreſ-
ſion, que Dieu ne peut pas,) ,, ne
,, remédie à ce déſordre que par des
,, Loix, qui peuvent bien montrer à
,, l'homme ce qu'il doit faire, mais
,, qui ne lui donnent pas de le faire :
,, ainſi dans le ſyſtême de l'Auteur,
,, Dieu crée des Etres, dont il ne
,, peut empêcher le déſordre, ni le
,, réparer. . . . Aveugle, qui ne voit
,, pas que Dieu fait ce qu'il veut, de
,, ceux mêmes, qui ne font pas ce
,, qu'il veut !

RÉPONSE.

Le Critique a déjà reproché à
l'Auteur de n'avoir point parlé du
peché originel ; il le prend encore
ſur le fait ; il n'a point parlé de la
grace : c'eſt une choſe triſte d'avoir
affaire

affaire à un homme, qui cenſure tous les articles d'un livre, & n'a qu'une idée dominante. C'eſt le conte de ce Curé de Village, à qui des Aſtronomes montroient la Lune dans un Téleſcope, & qui n'y voyoit que ſon clocher.

L'Auteur de l'Eſprit des Loix a cru qu'il devoit commencer par donner quelqu'idée des Loix générales, & du droit de la nature & des gens; ce ſujet étoit immenſe, & il l'a traité dans deux Chapitres : il a été obligé d'omettre quantité de choſes qui appartenoient à ſon ſujet ; à plus forte raiſon a-t'il omis celles qui n'y avoient point de rapport.

DIXIEME OBJECTION.

L'Auteur a dit, qu'en Angleterre l'homicide de ſoi-même étoit l'effet d'une maladie, & qu'on ne pouvoit pas plus le punir, qu'on ne punit les effets de la démence. Un Sectateur

de la Religion naturelle n'oublie pas,
que l'Angleterre eſt le berceau de ſa
Secte ; il paſſe l'éponge ſur tous les
crimes qu'il apperçoit.

RE'PONSE.

L'Auteur ne ſait point, ſi l'Angleterre eſt le berceau de la Religion
naturelle ; mais il ſait que l'Angleterre n'eſt pas ſon berceau , parce
qu'il a parlé d'un effet phyſique, qui
ſe voit en Angleterre : il ne penſe pas
ſur la Religion comme les Anglois ,
pas plus qu'un Anglois, qui parleroit
d'un effet phyſique arrivé en France,
ne penſeroit ſur la Religion comme
les François. L'Auteur de l'Eſprit
des Loix n'eſt point du tout Sécta-
teur de la Religion naturelle : mais
il voudroit que ſon Critique fût Sectateur de la Logique naturelle.

Je crois avoir déjà fait tomber des
mains du Critique les armes effrayan-
tes dont il s'eſt ſervi : je vais à pré-

sent donner une idée de son Exorde,
qui est tel, que je crains que l'on ne
pense, que ce soit par dérision que
j'en parle ici.

Il dit d'abord, & ce sont ses paroles, que *le Livre de l'Esprit des Loix est
une de ces productions irrégulieres . . . .
qui ne se sont si fort multipliées, que depuis
l'arrivée de la Bulle Unigenitus.* Mais
faire arriver l'Esprit des Loix, à cause
de l'arrivée de la Constitution *Unigenitus*, n'est-ce pas vouloir faire rire ?
La Bulle *Unigenitus* n'est point la cause
occasionnelle du Livre de l'Esprit des
Loix ; mais la Bulle *Unigenitus* & le
Livre de l'Esprit des Loix , ont été
les causes occasionnelles qui ont fait
faire au Critique un raisonnement si
puéril. Le Critique continue : ,, l'Au-
,, teur dit, qu'il a bien des fois com-
,, mencé & abandonné son ouvrage…
,, Cependant quand il jettoit au feu
,, ses premieres productions, il étoit
,, moins éloigné de la vérité, que
,, lorsqu'il a commencé à être con-

,, tent de son travail. " Qu'en sait-il ?
Il ajoute : ,, Si l'Auteur avoit voulu
,, suivre un chemin frayé, son ouvra-
,, ge lui auroit coûté moins de travail.
Qu'en sait-il encore ? Il prononce
ensuite cet Oracle : ,, Il ne faut pas
,, beaucoup de pénétration pour ap-
,, percevoir que le Livre de l'Esprit
,, des Loix est fondé sur le système
,, de la Religion naturelle. . . . . On
,, a montré dans les Lettres contre le
,, Poëme de Pope, intitulé : *Essai sur*
,, *l'Homme*, que le système de la Re-
,, ligion naturelle rentre dans celui
,, de Spinosa; c'en est assez pour ins-
,, pirer à un Chrétien l'horreur du
,, nouveau Livre que nous annonçons.
Je répons, que non-seulement c'en
est assez, mais même que c'en seroit
beaucoup trop : mais je viens de prouver que le système de l'Auteur n'est
pas celui de la Religion naturelle ; &
en lui passant que le système de la
Religion naturelle rentrât dans celui
de Spinosa, le système de l'Auteur

n'entreroit pas dans celui de Spinoſa , puiſqu'il n'eſt pas celui de la Religion naturelle.

Il veut donc inſpirer de l'horreur, avant d'avoir prouvé qu'on doit avoir de l'horreur.

Voici les deux formules des raiſonnemens répandus dans les deux Ecrits, auſquels je répons : L'Auteur de l'Eſprit des Loix eſt un Sectateur de la Religion naturelle ; donc il faut expliquer ce qu'il dit ici par les principes de la Religion naturelle ; or ſi ce qu'il dit ici eſt fondé ſur les principes de la Religion naturelle, il eſt un Sectateur de la Religion naturelle.

L'autre formule eſt celle-ci, l'Auteur de l'Eſprit des Loix eſt un Sectateur de la Religion naturelle ; donc ce qu'il dit dans ſon Livre en faveur de la révelation, n'eſt que pour cacher qu'il eſt un Sectateur de la Religion naturelle ; or s'il ſe cache ainſi, il eſt un Sectateur de la Religion naturelle.

Avant de finir cette premiere Partie, je serois tenté de faire une objection à celui qui en a tant fait ; il a si fort effrayé les oreilles du mot de Sectateur de la Religion naturelle, que moi, qui défens l'Auteur, je n'ose presque prononcer ce nom ; je vais pourtant prendre courage. Ses deux Ecrits ne demanderoient-ils pas plus d'explication que celui que je défens ? Fait-il bien, en parlant de la Religion naturelle & de la révelation, de se jetter perpétuellement tout d'un côté, & de faire perdre les traces de l'autre ? Fait-il bien de ne distinguer jamais ceux qui ne reconnoissent que la seule Religion naturelle, d'avec ceux qui reconnoissent & la Religion naturelle & la révelation ? Fait-il bien de s'effaroucher toutes les fois que l'Auteur considere l'homme dans l'état de la Religion naturelle, & qu'il explique quelque chose sur les principes de la Religion naturelle ? Fait-il bien de confondre la Religion na-

turelle avec l'athéïſme ? N'ai-je pas
toujours oüi dire, que nous avions
tous une Religion naturelle ? n'ai-je
pas oüi dire que le Chriſtianiſme étoit
la perfection de la Religion naturelle ?
n'ai-je pas oüi dire que l'on employoit
la Religion naturelle pour prouver la
révelation contre les Déïſtes ? & que
l'on employoit la même Religion naturelle pour prouver l'exiſtence de
Dieu contre les Athées ? Il dit que les
Stoïciens étoient des Sectateurs de la
Religion naturelle ; & moi, je lui dis,
qu'ils étoient des * Athées, puiſqu'ils
croyoient qu'une fatalité aveugle gouvernoit l'Univers, & que c'eſt par la
Religion naturelle que l'on combat

* Voyez la page 165 des feuilles du 9 Octobre
1749. „ Les Stoïciens n'admettoient qu'un Dieu,
„ mais ce Dieu n'étoit autre choſe que l'ame du
„ monde ; ils vouloient que tous les Etres, depuis
„ le premier, fuſſent neceſſairement enchaînés les
„ uns avec les autres ; une neceſſité fatale entraî-
„ noit tout. Ils nioient l'immortalité de l'ame, &
„ faiſoient conſiſter le ſouverain bonheur à vivre
„ conformément à la nature : c'eſt le fond du
„ ſyſtême de la Religion naturelle.

les Stoïciens : il dit que le syſtème de
la Religion naturelle * rentre dans
celui de Spinoſa ; & moi je lui dis
qu'ils ſont contradictoires, & que c'eſt
par la Religion naturelle qu'on détruit
le ſyſtème de Spinoſa. Je lui dis, que
confondre la Religion naturelle avec
l'athéïſme, c'eſt confondre la preuve
avec la choſe qu'on veut prouver, &
l'objection contre l'erreur avec l'erreur même ; que c'eſt ôter les armes
puiſſantes que l'on a contre cette erreur. A Dieu ne plaiſe que je veuille
imputer aucun mauvais deſſein au
Critique, ni faire valoir les conſé-
quences que l'on pourroit tirer de ſes
principes, quoiqu'il ait très-peu d'indulgence, on en veut avoir pour lui :
je dis ſeulement que les idées méta-
phyſiques ſont extrêmement confuſes
dans ſa tête ; qu'il n'a point du tout
la faculté de ſéparer ; qu'il ne ſauroit
porter de bons jugemens, parce que,

* Voyez page 161 de la premiere feuille du 9 Octobre 1749, à la fin de la premiere volomne.

parmi les diverses choses qu'il faut voir, il n'en voit jamais qu'une ; & cela même, je ne le dis pas pour lui faire des reproches, mais pour détruire les siens.

Fin de la premiere Partie.

DEFENSE

DE

L'ESPRIT DES LOIX.

SECONDE PARTIE.

IDE'E GE'NE'RALE.

J'AI abſous le Livre de l'Eſprit des Loix de deux reproches généraux dont on l'avoit chargé ; il y a encore des imputations particulieres auſquelles il faut que je réponde : mais pour donner un plus grand jour à ce que j'ai dit & à ce que je dirai dans la suite, je vais expliquer ce qui a donné lieu, ou a servi de prétexte aux invectives.

Les gens les plus senfés de divers Pays de l'Europe, les hommes les plus éclairés & les plus fages, ont regardé le Livre de l'Efprit des Loix comme un Ouvrage utile ; ils ont penfé que la morale en étoit pure, les principes juftes, qu'il étoit propre à former d'honnêtes gens, qu'on y détruifoit les opinions pernicieufes, qu'on y encourageoit les bonnes.

D'un autre côté, voilà un homme qui en parle comme d'un Livre dangereux, il en a fait le fujet des invectives les plus outrées : il faut que j'explique ceci.

Bien loin d'avoir entendu les endroits particuliers qu'il critiquoit dans ce Livre, il n'a pas feulement fu qu'elle étoit la matiere qui y étoit traitée : ainfi déclamant en l'air, & combattant contre le vent, il a remporté des triomphes de même espèce ; il a bien critiqué le Livre qu'il avoit dans la tête, il n'a pas critiqué celui de l'Auteur. Mais comment a-t'on pû manquer ainsi le sujet & le but d'un Ouvrage qu'on avoit devant les yeux ? Ceux qui auront quelques lumieres, verront du premier coup d'œil que cet Ouvrage a pour objet les Loix, les Coûtumes & les divers Usages de tous les Peuples de la Terre. On peut dire que le sujet en est immense, puisqu'il embrasse toutes les institutions qui sont reçues parmi les hommes ; puisque l'Auteur distingue ces institutions, qu'il examine celles qui conviennent le plus à la société, qu'il en cherche l'origine, qu'il en découvre les causes physiques & morales ; qu'il examine celles qui ont un degré de bonté par elles-mêmes & celles qui n'en ont aucun ; que de deux pratiques pernicieuses, il cherche celle qui l'est plus & celle qui l'est moins ; qu'il

y difcute celles qui peuvent avoir de
bons effets à un certain égard & de
mauvais dans un autre. Il a crû fes re-
cherches utiles, parce que le bon fens
confifte beaucoup à connoître les
nuances des chofes. Or dans un fujet
auffi étendu, il a été néceffaire de
traiter de la Religion ; car y ayant fur
la terre une Religion vraie & une infinité de fauffes, une Religion en-
voyée du Ciel & une infinité d'autres
qui font nées fur la terre, il n'a pû
regarder toutes les Religions fauffes
que comme des inftitutions humaines ; ainfi il a dû les examiner comme
toutes les autres inftitutions humaines ; & quant à la Religion Chrétienne, il n'a eu qu'à l'adorer, comme étant une inftitution divine. Ce
n'étoit point de cette Religion qu'il
devoit traiter, parce que par fa nature elle n'eft fujette à aucun examen ; de forte que, quand il a parlé,
il ne l'a jamais fait pour la faire entrer dans le plan de fon Ouvrage,

mais pour lui payer le tribut de res-
pect & d'amour qui lui est dû par tout
Chrétien, & pour que, dans les com-
paraisons qu'il en pouvoit faire avec
les autres Religions, il pût la faire
triompher de toutes. Ce que je dis se
voit dans tout l'Ouvrage : mais l'Auteur l'a particulierement expliqué au
commencement du Livre XXIV.
qui est le premier des deux Livres
qu'il a faits sur la Religion ; il le
commence ainsi : ,, Comme on peut
,, juger parmi les ténébres celles qui
,, sont les moins épaisses, & parmi
,, les abymes ceux qui sont les moins
,, profonds, ainsi l'on peut chercher
,, entre les Religions fausses celles qui
,, sont les plus conformes au bien de
,, la Société, celles qui, quoiqu'elles
,, n'aient pas l'effet de mener les
,, hommes aux félicités de l'autre vie,
,, peuvent le plus contribuer à leur
,, bonheur dans celle-ci.

,, Je n'examinerai donc les diverses
,, Religions du Monde, que par rap-

„ port au bien que l'on en tire dans
„ l'état civil, ſoit que je parle de celle
„ qui a ſa racine dans le Ciel, ou bien
„ de celles qui ont la leur ſur la
„ Terre.

L'Auteur ne regardant donc les Religions humaines que comme des inſtitutions humaines, a dû en parler, parce qu'elles entroient néceſſairement dans ſon plan ; il n'a point été les chercher, mais elles ſont venues le chercher, & quant à la Religion Chrétienne, il n'en a parlé que par occaſion, parce que ſa nature ne pouvant être modifiée, mitigée, corrigée, elle n'entroit point dans le plan qu'il s'étoit propoſé.

Qu'a-t'on fait pour donner une ample carriere aux déclamations, & ouvrir la porte la plus large aux invectives ? on a conſideré l'Auteur, comme ſi, à l'exemple de M. Abbadye, il avoit voulu faire un Traité ſur la Religion Chrétienne, on l'a attaqué, comme ſi ſes deux Livres ſur la Religion

ligion étoient deux Traités de Théologie Chrétienne, on l'a repris comme si parlant d'une Religion quelconque qui n'est pas la Chrétienne, il avoit eû à l'examiner selon les principes & les dogmes de la Religion Chrétienne, on l'a jugé comme s'il s'étoit chargé dans ses deux Livres d'établir pour les Chrétiens , & de prêcher aux Mahométans & aux Idolâtres les dogmes de la Religion Chrétienne. Toutes les fois qu'il a parlé de la Religion en général, toutes les fois qu'il a employé le mot de Religion , on a dit , c'est la Religion Chrétienne , toutes les fois qu'il a comparé les pratiques religieuses de quelques Nations quelconques , & qu'il a dit qu'elles étoient plus conformes au Gouvernement politique de ce pays que telle autre pratique , on a dit , Vous les approuvez donc & abandonnez la foi Chrétienne : lorsqu'il a parlé de quelque Peuple qui n'a point embrassé le Christianisme , ou qui a précédé la

D

venue de Jeſus-Chriſt , on lui a dit ,
Vous ne reconnoiſſez donc pas la morale Chrétienne ; quand il a examiné
en Ecrivain politique quelque pratique que ce ſoit , on lui a dit , c'étoit
tel dogme de Théologie Chrétienne ,
que vous deviez mettre là ? vous dites que vous êtes Juriſconſulte & je
vous ferai Théologien malgré vous :
vous nous donnez d'ailleurs de très-
belles choſes ſur la Religion Chrétienne , mais c'eſt pour vous cacher
que vous les dites , car je connois votre cœur & je lis dans vos penſées. Il
eſt vrai que je n'entens point votre
Livre , il n'importe pas que j'aye dé-
mélé bien ou mal l'objet dans lequel
il a été écrit ; mais je connois au fond
toutes vos penſées : je ne ſai pas un
mot de ce que vous dites , mais j'entens très - bien ce que vous ne dites
pas. Entrons à préſent en matiere.

L'Auteur dans le Livre ſur la Religion a combattu l'erreur de Bayle ,

(51)

voici ses paroles ,, (*) M. Bayle ,
,, après avoir insulté toutes les Reli-
,, gions, flétrit la Religion Chrétien-
,, ne , il ose avancer que de vérita-
,, bles Chrétiens ne formeroient pas
,, un état qui pût subsister. Pourquoi
,, non ? Ce seroient des citoyens in-
,, finiment éclairés sur leurs devoirs,
,, & qui auroient un très-grand zèle
,, pour les remplir. Ils sentiroient
,, très-bien les droits de la défense
,, naturelle ; plus ils croiroient de-
,, voir à la Religion, plus ils pense-
,, roient devoir à la Patrie : les prin-
,, cipes du Christianisme bien gravés
,, dans le cœur, seroient infiniment
,, plus forts que ce faux honneur des
,, Monarchies , ces vertus humaines
,, des Républiques & cette crainte
,, servile des Etats despotiques.

,, Il est étonnant que ce grand
,, homme n'ait pas sû distinguer les
,, ordres , pour l'établissement du

(*) Livre XXIV. Chapitre 6.

D 2

,, Chriſtianiſme d'avec le Chriſtianiſ-
,, me même, & qu'on puiſſe lui im-
,, puter d'avoir méconnu l'eſprit de
,, ſa propre Religion. Lorſque le Lé-
,, giſlateur, au lieu de donner des
,, Loix, a donné des conſeils, c'eſt
,, qu'il a vû que ſes conſeils, s'ils
,, étoient ordonnés comme des Loix,
,, ſeroient contraires à l'eſprit de ſes
,, Loix. " Qu'a-t'on fait pour ôter
à l'Auteur la gloire d'avoir combattu
ainſi l'erreur de Bayle ? on prend le
Chapitre * ſuivant qui n'a rien à faire
avec Bayle : *Les Loix humaines*, y eſt-
il dit, *faites pour parler à l'eſprit, doivent donner des préceptes, & point de conſeils, la Religion faite pour parler au cœur,
doit donner beaucoup de conſeils, & peu de
préceptes.* Et de-là on conclut que
l'Auteur regarde tous les préceptes
de l'Evangile comme des conſeils. Il
pourroit dire auſſi que celui qui fait
cette critique regarde lui-même tous

---

* C'eſt le Chap. 7. du Livre XXIV.

les conseils de l'Evangile comme des
préceptes ; mais ce n'est pas sa maniere de raisonner, & encore moins
sa maniere d'agir. Allons au fait il faut
un peu allonger ce que l'Auteur a
raccourci. M. Bayle avoit soutenu
qu'une société de Chrétiens ne pourroit pas subsister ; & il alléguoit pour
cela l'ordre de l'Evangile de présen-
ter l'autre joue quand on reçoit un
souflet, de quitter le monde, de se
retirer dans les deserts, &c. L'Auteur
a dit que Bayle prenoit pour des préceptes ce qui n'étoit que des conseils,
pour des regles générales ce qui n'é-
toit que des regles particulieres ; en
cela l'Auteur a défendu la Religion.
Qu'arrive-t'il ? On pose pour premier article de sa croyance, que tous
les Livres de l'Evangile ne contien-
nent que des conseils.

DE LA POLIGAMIE.

D'AUTRES Articles ont encore fourni des sujets commodes pour les déclamations ; la Poligamie en étoit un excellent, l'Auteur a fait un Chapitre exprès, où il l'a reprouvée ; le voici.

De la Poligamie en elle-même.

A regarder la Poligamie en général indépendamment des circonstances qui peuvent la faire un peu tolérer, elle n'est point utile au genre humain ni à aucun des deux sexes, soit à celui qui abuse, soit à celui dont on abuse. Elle n'est pas non plus utile aux enfans, & un de ses grands inconvéniens est que le pere & la mere ne peuvent avoir la même affection pour leurs enfans ; un pere ne peut pas aimer vingt enfans comme une mere en aime deux. C'est

bien pis quand une femme a plusieurs maris; car pour lors l'amour paternel ne tient
qu'à cette opinion qu'un pere peut croire,
s'il veut, ou que les autres peuvent croire
que de certains enfans lui appartiennent.

La pluralité des femmes, qui le diroit?
mene à cet amour que la nature désavoue,
c'est qu'une dissolution en entraine toûjours
une autre, &c.

Il y a plus : la possession de beaucoup de
femmes ne prévient pas toûjours les desirs
pour celle d'un autre ; il en est de la Lu-
xure comme de l'Avarice, elle augmente
sa soif par l'acquisition des thrésors.

Du tems de Justinien plusieurs Philosophes gênés par le Christianisme se retire-
rent en Perse auprès de Cosroës : ce qui
les frappa le plus, dit Agathias, ce fut
que la Poligamie étoit permise à des gens
qui ne s'abstenoient pas même de l'Adul-
tere.

L'Auteur a donc établi que la Poligamie étoit par sa nature & en elle-
même une chose mauvaise, il falloit
partir de ce Chapitre, & c'est pour-

tant de ce Chapitre que l'on n'a rien dit. L'Auteur a de plus examiné philosophiquement dans quels pays, dans quels climats , dans quelles circonstances elle avoit de moins mauvais effets , il a comparé les climats aux climats & les pays aux pays , & il a trouvé qu'il y avoit des pays où elle avoit des effets moins mauvais que dans d'autres ; parce que , suivant les relations , le nombre des hommes & des femmes n'étant point égal dans tous les pays , il est clair que , s'il y a des pays où il y ait beaucoup plus de femmes que d'hommes , la Poligamie mauvaise en elle-même , l'est moins que dans d'autres. L'Auteur a discuté ceci dans le Chapitre IV. du même Livre. Mais parce que le titre de ce Chapitre porte ces mots , *que la Loi de la Poligamie est une affaire de calcul* , on a saisi ce titre : cependant comme le titre d'un Chapitre se rapporte au Chapitre même , & ne peut dire ni plus ni moins que ce Chapitre , voyons-le.

Suivant les calculs que l'on fait en divers endroits de l'Europe, il y naît plus de garçons que de filles ; au contraire, les rélations de l'Asie nous disent qu'il y naît beaucoup plus de filles que de garçons. La loi d'une seule femme en Europe, & celle qui en permet plusieurs en Asie, ont donc un certain rapport au Climat.

Dans les Climats froids de l'Asie, il naît comme en Europe beaucoup plus de garçons que de filles : c'est, disent les Lamas, la raison de la Loi qui chez eux permet à une femme d'avoir plusieurs maris.

Mais j'ai peine à croire qu'il y ait beaucoup de Pays où la disproportion soit assez grande pour qu'elle exige qu'on y introduise la Loi de plusieurs femmes, ou la Loi de plusieurs maris. Cela veut dire seulement que la pluralité des femmes, ou même la pluralité des hommes, est plus conforme à la nature dans certains pays que dans d'autres.

J'avoue que si ce que les rélations nous disent était vrai qu'à Bantam il y a dix femmes pour un homme, ce seroit un cas bien particulier de la Poligamie.

Dans tout ceci je ne justifie pas les usa-ges, mais j'en rends les raisons.

Revenons au titre, la Poligamie est une affaire de calcul, oui, elle l'est quand on veut savoir si elle est plus ou moins pernicieuse dans de certains climats, dans de certains pays, dans de certaines circonstances que dans d'autres, elle n'est point une affaire de calcul quand on doit décider si elle est bonne ou mauvaise par elle-même.

Elle n'est point une affaire de calcul quand on raisonne sur sa nature, elle peut être une affaire de calcul quand on combine ses effets, enfin elle n'est jamais une affaire de calcul quand on examine le but du mariage, & elle l'est encore moins quand on examine le mariage comme établi par Jesus-Christ.

J'ajoûterai ici que le hasard a très-bien servi l'Auteur ; il ne prévoyoit pas sans doute qu'on oublieroit un Chapitre formel pour donner des sens équivoques à un autre, il a le bonheur d'avoir fini cet autre par ces paroles. *Dans tout ceci je ne justifie point les usages, mais j'en rends les raisons.*

L'Auteur vient de dire qu'il ne voyoit pas qu'il pût y avoir des climats où le nombre des femmes pût tellement excéder celui des hommes, ou le nombre des hommes celui des femmes, que cela dût engager à la Poligamie dans aucun pays ; & il a ajouté : * *Cela veut dire seulement que la pluralité des femmes & même la pluralité des hommes est plus conforme à la nature dans de certains pays que dans d'autres.* Le Critique a saisi le mot *est plus conforme à la nature*, pour faire dire à l'Auteur qu'il approuvoit la Poligamie. Mais si je disois que j'aime mieux la fievre que le scorbut, cela signifieroit-il que j'aime la fievre ? ou seulement que le scorbut m'est plus désagréable que la fievre ?

Voici mot pour mot une objection bien extraordinaire.

(*) Chap. 4. Livre X V I.

*La Poligamie * d'une femme qui a plu-*
sieurs maris est un désordre monstrueux qui
n'a été permis en aucun cas, & que l'Au-
teur ne distingue en aucune sorte de la Po-
ligamie d'un homme qui a plusieurs fem-
mes. Ce langage dans un Sectateur de la
Religion naturelle n'a pas besoin de com-
mentaire.

Je supplie de faire attention à la
liaison des idées du Critique, selon
lui il suit que de ce que l'Auteur est
un Sectateur de la Religion naturelle,
il n'a point parlé de ce dont il n'avoit
que faire de parler, ou bien il suit selon lui que l'Auteur n'a point parlé
de ce dont il n'avoit que faire de parler, parce qu'il est Sectateur de la
Religion naturelle. Ces deux raisonnemens sont de même espèce, & les
conséquences se trouvent également
dans les prémices. La maniere ordinaire est de critiquer sur ce que l'on
écrit, ici le Critique s'évapore sur ce
que l'on n'écrit pas.

(*) Pag. 164 de la feuille du 9. Octobre 1742.

Je dis tout ceci en supposant avec le Critique que l'Auteur n'eût point distingué la Poligamie d'une femme qui a plusieurs maris de celle où un mari auroit plusieurs femmes. Mais si l'Auteur les a distinguées, que dira-t'il ? Si l'Auteur a fait voir que dans le premier cas les abus étoient plus grands, que dira-t'il ? Je supplie le Lecteur de relire le Chapitre VI. du Livre XVI ; je l'ai rapporté ci-dessus. Le Critique lui a fait des invectives parce qu'il avoit gardé le silence sur cet article; il ne reste plus que de lui en faire sur ce qu'il ne l'a pas gardé.

Mais voici une chose que je ne puis comprendre. Le Critique a mis dans la seconde de ses feuilles, pag. 166. *L'Auteur nous a dit ci-dessus que la Religion doit permettre la Poligamie dans les pays chauds & non dans les pays froids;* mais l'Auteur n'a dit cela nulle part; il n'est plus question de mauvais raisonnemens entre le Critique & lui,

il est question d'un fait. Et comme
l'Auteur n'a dit nulle part que la Religion doit permettre la Poligamie
dans les pays chauds & non dans les
pays froids, si l'imputation est fausse
comme elle l'est, & grave com-
me elle l'est, je prie le Critique de
se juger lui-même : ce n'est pas le seul
endroit sur lequel l'Auteur ait à faire
un cri. A la pag. 163. à la fin de la
premiere feuille, il est dit. *Le Chapitre IV porte pour titre que la Loi de la
Poligamie est une affaire de calcul, c'est-
à-dire que dans les lieux où il naît plus
de garçons que de filles comme en Europe,
on ne doit épouser qu'une femme dans ceux
où il naît plus de filles que de garçons, la
Poligamie doit y être introduite.* Ainsi
lorsque l'Auteur explique quelques
usages, ou donne la raison de quelques pratiques, on les lui fait mettre
en maximes, & ce qui est plus triste
encore en maximes de Religion ; &
comme il a parlé d'une infinité d'u-
sages & de pratiques dans tous les

pays du monde, on peut avec une pareille méthode le charger des erreurs & même des abominations de tout l'Univers. Le Critique dit à la fin de sa seconde feuille, que Dieu lui a donné quelque zele, eh bien? je lui répons que Dieu ne lui a pas donné celui-là.

CLIMAT.

CE que l'Auteur a dit sur le Climat est encore une matiere très-propre pour la Réthorique, mais tous les effets quelconques ont des causes, le Climat & les autres causes physiques produisent un nombre infini d'effets. Si l'Auteur avoit dit le contraire, on l'auroit regardé comme un homme stupide : toute la question se réduit à savoir, si dans des pays éloignés entre eux, si sous des Climats différens, il y a des caracteres d'efprits nationnaux ? Or qu'il y ait de telles différences : cela eſt établi par l'univerſalité preſque entiere des Livres qui ont été écrits , & comme le caractere de l'eſprit influe beaucoup dans la diſpoſition du cœur , on ne ſauroit encore douter qu'il n'y ait de certaines qualités du cœur plus fréquentes dans un pays que dans un autre ; & l'on en a encore pour preuve un nombre infini d'Ecrivains de tous les lieux & de tous les tems. Comme ces choſes ſont humaines , l'Auteur en a parlé d'une façon humaine , il auroit bien pû joindre là bien des queſtions que l'on agite dans les écoles ſur les vertus humaines & ſur les vertus chrétiennes ; mais ce n'eſt point avec ces queſtions que l'on fait des Livres de Phyſique , de Politique & de Juriſprudence. En un mot ce phyſique du Climat peut produire diverſes diſpoſitions dans les eſprits , ces diſpoſitions peuvent influer ſur les actions humaines , cela choque-

t'il

t'il l'empire de celui qui a créé , ou les mérites de celui qui a racheté ?

Si l'Auteur a recherché ce que les Magistrats de divers pays pouvoient faire pour conduire leur nation de la maniere la plus convenable & la plus conforme à son caractere , quel mal a-t'il fait en cela ?

On raisonnera de même à l'égard de diverses pratiques locales de Religion , l'Auteur n'avoit à les considérer ni comme bonnes ni comme mauvaises , il a dit seulement qu'il y avoit des Climats où de certaines pratiques de Religion étoient plus aisées à recevoir , c'est-à-dire étoient plus aisées à pratiquer par le peuple de ces Climats que par les peuples d'un autre. De ceci il est inutile de donner des exemples , il y en a cent mille.

Je sais bien que la Religion est indépendante par elle-même de tout effet physique quelconque , que celle qui est bonne dans un pays est bonne dans un autre , & qu'elle ne peut

E

être mauvaife dans un pays fans l'être dans tous : mais je dis que comme elle eft pratiquée par les hommes & pour les hommes , il y a des lieux où une Religion quelconque trouve plus de facilité à être pratiquée foit en tout foit en partie dans de certains pays que dans d'autres , & dans de certaines circonftances que dans d'autres ; & dès que quelqu'un dira le contraire il renoncera au bon fens.

L'Auteur a remarqué que le Climat des Indes produifoit une certaine douceur dans les mœurs : mais dit le Critique , les femmes s'y brûlent à la mort de leur mari. Il n'y a guere de Philofophie dans cette objection. Le Critique ignore-t'il les contradictions de l'efprit humain , & comment il fait féparer les chofes les plus unies , & unir celles qui font les plus féparées ? Voyez là-deffus les réflexions de l'Auteur au Chapitre III. du Livre XIV.

TOLE'RANCE.

Tout ce que l'Auteur a dit sur la Tolérance se rapporte à cette proposition du Chapitre IX. Livre XXV. *Nous sommes ici politiques & non pas Théologiens, & pour les Théologiens mêmes il y a bien de la différence entre tolérer une Religion & l'approuver.*

Lorsque les Loix de l'Etat ont cru devoir souffrir plusieurs Religions, il faut qu'elles les obligent aussi à se tolérer entr'elles. On prie de lire le reste du Chapitre.

On a beaucoup crié sur ce que l'Auteur a ajoûté au Chapitre X Livre XXV: *Voici le principe fondamental des Loix politiques en fait de Religion; quand on est le Maître dans un Etat de recevoir une nouvelle Religion ou de ne la pas recevoir, il ne faut pas l'y établir; quand elle y est établie, il faut la tolérer.*

On objecte à l'Auteur qu'il va avertir les Princes idolâtres de fermer leurs Etats à la Religion Chrétienne ; effectivement c'est un secret qu'il a été dire à l'oreille au Roi de la Cochinchine. Comme cet argument a fourni matiere a beaucoup de déclamations, j'y ferai deux réponses ; la premiere c'est que l'Auteur a excepté nommément dans son Livre la Religion Chrétienne. Il a dit au Livre XXIV. Chapitre I. à la fin : *La Religion Chrétienne qui ordonne aux hommes de s'aimer, veut sans doute que chaque Peuple ait les meilleures Loix politiques & les meilleures Loix civiles, parce qu'elles sont après elle, le plus grand bien que les hommes puissent donner & recevoir.* Si donc la Religion Chrétienne est le premier bien & les Loix politiques & civiles le second, il n'y a point de Loix politiques & civiles dans un Etat, qui puissent ou doivent y empêcher l'entrée de la Religion Chrétienne.

Ma seconde réponse est que la Religion du Ciel ne s'établit pas par les mêmes voies que les Religions de la Terre ; lisez l'Histoire de l'Eglise, & vous verrez les prodiges de la Religion Chrétienne : A-t'elle resolu d'entrer dans un Pays, elle sait s'en faire ouvrir les portes, tous les instrumens sont bons pour cela, quelquefois Dieu veut se servir de quelques pécheurs, quelquefois il va prendre sur le thrône un Empereur & fait plier sa tête sous le joug de l'Evangile. La Religion Chrétienne se cache-t'elle dans les lieux soutérains ? Attendez un moment, & vous verrez la Majesté Impériale parler pour elle. Elle traverse quand elle veut, les mers, les rivieres & les montagnes ; ce ne sont pas les obstacles d'ici-bas qui l'empêchent d'aller, mettez de la répugnance dans les esprits, elle saura vaincre ces répugnances ; établissez des Coûtumes, formez des Usages, publiez des Edits, faites des Loix, elle triomphera du

E 3

Climat, des Loix qui en réſultent &
des Légiſlateurs qui les auront faites.
Dieu ſuivant des décrets que nous ne
connoiſſons point, étend ou reſſerre
les limites de ſa Religion.

On dit : C'eſt comme ſi vous alliez
dire aux Rois d'Orient qu'il ne faut
pas qu'ils reçoivent chez eux la Religion Chrétienne, c'eſt être bien char-
nel que de parler ainſi ; étoit-ce donc
Hérode qui devoit être le Meſſie ? Il
ſemble qu'on regarde Jeſus - Chriſt
comme un Roi qui voulant conquérir
un Etat voiſin, cache ſes pratiques &
ſes intelligences. Rendons-nous juſti-
ce, la maniere dont nous nous con-
duiſons dans les affaires humaines,
eſt-elle aſſez pure pour penſer à l'em-
ployer à la converſion des Peuples ?

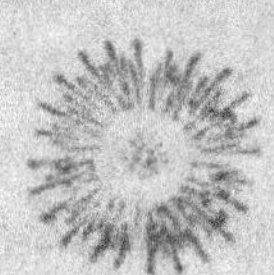

DU CE'LIBAT.

NOus voici à l'article du Célibat, tout ce que l'Auteur en a dit se rapporte à cette proposition qui se trouve au Livre XXV. Chapitre IV. la voici :

Je ne parlerai point ici des conséquences de la Loi du Célibat : On sent qu'elle pourroit devenir nuisible à proportion que le corps du Clergé seroit trop étendu, & que par conséquent celui des Laïques ne le seroit pas assez. Il est clair que l'Auteur ne parle ici que de la plus grande ou de la moindre extension que l'on doit donner au Célibat, par raport au plus grand ou au moindre nombre de ceux qui doivent l'embrasser ; & comme l'a dit l'Auteur en un autre endroit, cette Loi de perfection ne peut pas être faite pour tous les hommes ; on sait d'ailleurs que la Loi du Célibat telle que nous l'avons, n'eſt qu'une Loi de diſcipline ; il n'a jamais été queſtion dans l'Eſprit des Loix de la nature du Célibat même & du degré de ſa bonté ; & ce n'eſt en aucune façon une matiere qui doive entrer dans un Livre de Loix politiques & civiles. Le Critique ne veut jamais que l'Auteur traite ſon ſujet, il veut continuellement qu'il traite le ſien ; & parce qu'il eſt toujours Théologien, il ne veut pas que même dans un Livre de Droit, il ſoit Juriſconſulte. Cependant on verra tout à l'heure qu'il eſt ſur le Célibat de l'opinion des Théologiens, c'eſt-à-dire qu'il en a reconnu la bonté ; il faut ſavoir que dans le Livre XXIII. où il eſt traité du rapport que les Loix ont avec le nombre des Habitans ; l'Auteur a donné une théorie de ce que les Loix politiques & civiles de divers Peuples avoient faits à cet égard. Il a fait voir en examinant les Hiſtoires des divers Peuples de la

terre, qu'il y avoit eu des circonstances où ces Loix furent plus nécessaires que dans d'autres, des Peuples qui
en avoient eu plus de besoin, de certains tems où ces Peuples en avoient
eu plus de besoin encore, & comme
il a pensé que les Romains furent le
Peuple du monde le plus sage, & qui
pour réparer ses pertes eut le plus de
besoin de pareilles Loix : il a recueilli
avec exactitude les Loix qu'ils avoient
faites à cet égard, il a marqué avec
précision dans quelles circonstances
elles avoient été faites, & dans quelles
autres circonstances elles avoient été
ôtées. Il n'y a point de Théologie
dans tout ceci, & il n'en faut point
pour tout ceci. Cependant il a jugé
à propos d'y en mettre. Voici ses paroles : * *A Dieu ne plaise que je parle ici
contre le Celibat qu'a adopté la Religion,
mais qui pourroit se taire contre celui
qu'a formé le libertinage, celui où les deux
sexes, se corrompant par les sentimens na-*

(*) Livre XXIII. Chapitre XXI. à la fin.

turels mêmes , fuient une union qui doit les
rendre meilleurs pour vivre dans celles qui
les rendent toûjours pires ?

C'est une regle tirée de la nature que
plus on diminue le nombre des mariages qui
pourroient se faire , plus on corrompt ceux
qui sont faits ; moins il y a de gens ma-
riés , moins il y a de fidélité dans les ma-
riages , comme lorsqu'il y a plus de vo-
leurs , il y a plus de vols.

L'Auteur n'a donc point désaprou-
vé le Célibat , qui a pour motif la
Religion ; on ne pouvoit se plaindre
de ce qu'il s'élevoit contre le Célibat introduit par le libertinage ; de
ce qu'il désapprouvoit qu'une infinité
de gens riches & voluptueux se por-
tassent à fuïr le joug du Mariage ,
pour la commodité de leurs dérégle-
mens ; qu'ils prissent pour eux les dé-
lices & la volupté , & laissassent les
peines aux misérables : on ne pouvoit , dis-je , s'en plaindre. Mais le
Critique après avoir cité ce que l'Auteur a dit , prononce ces paroles :

On apperçoit ici toute la malignité de l'Auteur qui veut jetter sur la Religion Chrétienne des désordres qu'elle déteste. Il n'y a pas d'apparence d'accuser le Critique de n'avoir pas voulu entendre l'Auteur : je dirai seulement qu'il ne l'a point entendu , & qu'il lui fait dire contre la Religion ce qu'il a dit contre le libertinage ; il doit en être bien fâché.

ERREUR

Particuliere du Critique.

ON croiroit que le Critique a juré de n'être jamais au fait de l'état de la question , & de n'entendre pas un seul des passages qu'il attaque ; tout le second Chapitre du Livre XXV. roule sur les motifs plus ou moins puissans qui attachent les hommes à la confervation de leur Religion : le Critique trouve dans fon imagination un autre Chapitre qui auroit pour fujet des motifs qui obligent les hommes à paffer d'une Religion dans une autre. Le premier fujet emporte un état paffif; le fecond un état d'action; & appliquant fur un fujet ce que l'Auteur a dit fur un autre, il déraifonne tout à fon aife.

L'Auteur a dit au fecond Article du Chapitre II. du Livre XXV. *Nous fommes extrêmement portés à l'Idolâtrie, & cependant nous ne fommes pas fort attachés aux Religions idolâtres, nous ne fommes guere portés aux idées fpirituelles, & cependant nous fommes très-attachés aux Religions qui nous font adorer un Etre fpirituel. Cela vient de la fatisfaction que nous trouvons en nous-mêmes, d'avoir été affez intelligens pour avoir choifi une Religion qui tire la divinité de l'humiliation où les autres l'avoient mife.* L'Auteur n'avoit fait cet article que pour expliquer pourquoi les Mahométans

& les Juifs, qui n'ont pas les mêmes graces que nous, font auffi invinciblement attachés à leur Religion, qu'on le fait par expérience ; le Critique l'entend autrement ; *c'eft à l'orgueil, dit-il, que l'on attribue* * *d'avoir fait paffer les hommes de l'Idolâtrie à l'unité d'un Dieu.* Mais il n'eft queftion ici ni dans tout le Chapitre, d'aucun paffage d'une Religion dans une autre ; & fi un Chrétien fent de la fatisfaction à l'idée de la gloire & à la vûe de la grandeur de Dieu, & qu'on appelle cela de l'orgueil, c'eft un très-bon orgueil.

MARIAGE.

Voici une autre objection qui n'eft pas commune ; l'Auteur a fait deux Chapitres au Livre XXIII, l'un a

(*) Page 166. de la feconde feuille.

pour titre : *Des Hommes & des Ani-maux par rapport à la propagation de l'espece*, & l'autre est intitulé : *Des Mariages*. Dans le premier, il a dit ces paroles : *Les femelles des animaux ont à peu près une fecondité constante : mais dans l'espece humaine, la maniere de penser, le caractere, les passions, les fantaisies, les caprices, l'idée de conserver sa beauté, l'embarras de la grossesse, celui d'une famille trop nombreuse troublent la propagation de mille manieres ;* & dans l'autre il a dit : *L'obligation naturelle qu'a le pere de nourrir ses enfans, a fait établir le mariage qui déclare celui qui doit remplir cette obligation.*

On dit là-dessus, *Un Chrétien rapporteroit l'institution du mariage à Dieu même qui donna une compagne à Adam, & qui unit le premier homme à la premiere femme par un lien indissoluble avant qu'ils eussent des enfans à nourrir, mais l'Auteur évite tout ce qui a trait à la révélation.* Il répondra qu'il est Chrétien, mais qu'il n'est point imbécile ; qu'il adore ces vérités , mais qu'il ne veut point mettre à tort & à travers toutes les vérités qu'il croit. L'Empereur Juſtinien étoit Chrétien, & ſon Compilateur l'étoit auſſi. Eh bien ! dans leurs livres de Droit que l'on enſeigne aux jeunes gens dans les écoles , ils définiſſent le Mariage * l'union de l'homme & de la femme qui forme une ſociété de vie individuelle. Il n'eſt jamais venu dans la tête de perſonne de leur reprocher de n'avoir pas parlé de la révélation.

USURE.

Nous voici à l'affaire de l'Uſure. J'ai peur que le Lecteur ne ſoit fatigué de m'entendre dire que le Critique n'eſt jamais au fait & ne prend

* Maris & fœminæ conjunctio individuam viſæ ſocietatem continens.

jamais le sens des passages qu'il censure : il dit au sujet des Usures maritimes ; *L'Auteur ne voit rien que de juste dans les Usures maritimes ce sont ses termes* : En vérité cet Ouvrage de l'Esprit des Loix a un terrible interprete. L'Auteur a traité des Usures maritimes au Chapitre XX, du Livre XXII ; il a donc dit dans ce Chapitre que les Usures maritimes étoient justes : voyons-le.

Des Usures Maritimes.

La grandeur des Usures maritimes est fondée sur deux choses, le péril de la Mer qui fait qu'on ne s'expose à prêter son argent que pour en avoir beaucoup davantage, & la facilité que le commerce donne à l'Emprunteur de faire promptement de grandes affaires & en grand nombre, au lieu que les Usures de terre n'étant fondées sur aucune de ces deux raisons, sont ou proscrites par le Législateur, ou ce qui est plus sensé réduites à de justes bornes.

Je

Je demande à tout homme fensé fi l'Auteur vient de décider que les Ufures maritimes font juftes, ou s'il a dit fimplement que la grandeur des Ufures maritimes répugnoit moins à l'équité naturelle que la grandeur des Ufures de terre. Le Critique ne connoît que les qualités pofitives & abfolues ; il ne fait ce que c'eft que ces termes *plus ou moins* : Si on lui difoit qu'un Mulâtre eft moins noir qu'un Negre, cela fignifieroit felon lui qu'il eft blanc comme de la neige ; fi on lui difoit qu'il eft plus noir qu'un Européen, il croiroit encore qu'on veut dire qu'il eft noir comme du charbon ; mais pourfuivons.

Il y a dans l'Efprit des Loix au Livre XXII. quatre Chapitres fur l'Ufure, dans les deux premiers qui font le XIX. & celui qu'on vient de lire, l'Auteur examine l'Ufure * dans le rapport qu'elle peut avoir avec le

* Ufure ou intérêt fignifioit la même chofe chez les Romains.

F

commerce chez les différentes Nations & dans les divers gouvernemens
du monde ; ces deux Chapitres ne
s'appliquent qu'à cela, les deux sui-
vans ne sont faits que pour expliquer
les variations de l'Usure chez les Romains : mais voila qu'on érige tout-
à-coup l'Auteur en Casuiste, en Canoniste & en Théologien, uniquc-
ment par la raison que celui qui critique, est Casuiste, Canoniste & Théologien, ou deux des trois, ou un des
trois, ou peut-être dans le fond aucun des trois. L'Auteur sait qu'à regarder le prêt à interêt dans son rapport avec la Religion Chrétienne ; la
matiere a des distinctions & des limitations sans fin, il sait que les Juris-
consultes & plusieurs Tribunaux ne
sont pas toujours d'accord avec les
Casuistes & les Canonistes, que les
uns admettent de certaines limitations
au principe général de n'exiger jamais
d'interêt, & que les autres en admettent de plus grandes, quand toutes

ces queſtions auroient appartenu à ſon
ſujet, ce qui n'eſt pas, comment au-
roit-il pû les traiter ? On a bien de la
peine à ſavoir ce qu'on a beaucoup
étudié, encore moins ſait-on ce qu'on
n'a étudié de ſa vie : mais les Chapitres mêmes que l'on employe contre
lui, prouvent aſſez qu'il n'eſt qu'Hiſ-
torien & Juriſconſulte, liſons le Chapitre XIX. *

    ,, L'argent eſt le ſigne des valeurs.
,, Il eſt clair que celui qui a beſoin
,, de ce ſigne, doit le louer comme
,, il fait toutes les choſes dont il peut
,, avoir beſoin ; toute la différence
,, eſt que les autres choſes peuvent
,, ou ſe loüer ou s'acheter, au lieu
,, que l'argent qui eſt le prix des cho-
,, ſes ſe loue & ne s'achete pas.

    ,, C'eſt bien une action très-bonne
,, de préter à un autre ſon argent ſans
,, interêt, mais on ſent que ce ne peut
,, être qu'un conſeil de Religion &
,, non une Loi civile.

* Livre XXII.

,, Pour que le commerce puiſſe ſe
,, bien faire, il faut que l'argent ait
,, un prix, mais que ce prix ſoit peu
,, conſiderable, s'il eſt trop haut, le
,, Négociant qui voit qu'il lui en
,, couteroit plus en interêts qu'il ne
,, pourroit gagner dans ſon commer-
,, ce, n'entreprend rien. Si l'argent
,, n'a point de prix, perſonne n'en
,, prête & le Négociant n'entreprend
,, rien non plus.

,, Je me trompe quand je dis que
,, perſonne n'en prête ; il faut tou-
,, jours que les affaires de la Société
,, aillent ; l'Uſure s'établit, mais avec
,, l s déſordres que l'on a éprouvés
,, dans tous les tems.

,, La Loi de Mahomet confond
,, l'Uſure avec le prêt à interêt, l'U-
,, ſure augmente dans les pays Ma-
,, hometans à proportion de la ſévé-
,, rité de la défenſe, le Prêteur s'in-
,, demniſe du péril de la contraven-
,, tion.

,, Dans ce pays d'Orient la plûpart

,, des hommes n'ont rien d'affuré, il
,, n'y a prefque point de rapport en-
,, tre la poffeffion actuelle d'une fom-
,, me & l'efpérance de la ravoir après
,, l'avoir prêtée. L'Ufure y augmente
,, donc à proportion du péril de l'in-
,, folvabilité.

Enfuite viennent le Chapitre, *Des Ufures Maritimes*, que j'ai rapporté ci-deffus, & le Chapitre XXI. qui traite *Du prêt par Contrat & de l'Ufure chez les Romains*, que voici.

,, Outre le prêt fait pour le com-
,, merce, il y a encore une efpèce
,, de prêt, fait par un contrat civil,
,, d'où réfulte un interêt ou Ufure.

,, Le Peuple chez les Romains au-
,, gmentant tous les jours fa puiffan-
,, ce, les Magiftrats chercherent à le
,, flater & à lui faire faire les Loix qui
,, lui étoient les plus agréables. Il re-
,, trancha les capitaux, il diminua les
,, interêts, il défendit d'en prendre,
,, il ôta les contraintes par corps ;
,, enfin l'abolition des dettes fut mife

,, en question, toutes les fois qu'un
,, Tribun voulut se rendre populaire.
,, Ces continuels changemens, soit
,, par des Loix, soit par des Plébis-
,, cites, naturalisérent à Rome l'U-
,, sure : car les Créanciers voyant le
,, Peuple leur Débiteur, leur Légis-
,, lateur & leur Juge, n'eurent plus
,, de confiance dans les contrats ; le
,, Peuple comme un Débiteur décré-
,, dité ne tentoit à lui prêter que par
,, de gros profits, d'autant plus que
,, si les Loix ne venoient que de tems
,, en tems, les plaintes du Peuple
,, étoient continuelles, & intimi-
,, doient toujours les Créanciers.
,, Cela fit que tous les moyens hon-
,, nêtes de prêter & d'emprunter,
,, furent abolis à Rome, & qu'une
,, Usure affreuse toujours foudroyée
,, & toujours renaissante s'y établit.
,, Cicéron nous dit que de son tems on
,, prêtoit à Rome à trente-quatre pour
,, cent, & à quarante-huit pour cent
,, dans les Provinces ; ce mal venoit

,, encore un coup de ce que les Loix
,, n'avoient pas été ménagées , les
,, Loix extrèmes dans le bien font
,, naître le mal extrème : il fallut
,, payer pour le prêt de l'argent &
,, pour le danger des peines de la Loi.
L'Auteur n'a donc parlé du prêt à
interêt que dans son rapport avec le
commerce des divers Peuples, ou avec
les Loix civiles des Romains, & cela
est si vrai, qu'il a distingué au second
article du Chapitre XIX. les établis-
semens des Législateurs de la Religion d'avec ceux des Législateurs
politiques ; s'il avoit parlé là nomé-
ment de la Religion Chrétienne ayant
un autre sujet à traiter, il auroit employé d'autres termes ; & fait ordon-
ner à la Religion Chrétienne ce qu'elle
ordonne, & conseiller ce qu'elle con-
seille , il auroit distingué avec les
Théologiens les cas divers, il auroit
posé toutes les limitations que les principes de la Religion Chrétienne lais-
sent à cette Loi générale, établie quel-

F 4

quefois chez les Romains & toujours chez les Mahometans : *Qu'il ne faut jamais dans aucun cas & dans aucune cir- constance recevoir d'interêt pour de l'ar- gent*. L'Auteur n'avoit pas ce sujet à traiter ; mais celui-ci qu'une défense générale, illimitée, indistincte & sans restriction perd le commerce chez les Mahometans, & pensa perdre la Ré- publique chez les Romains ; d'où il suit que parce que les Chrétiens ne vivent pas sous ces termes rigides, le commerce n'est point détruit chez eux, & que l'on ne voit point dans leurs Etats ces Usures affreuses qui s'exigent chez les Mahometans & que l'on extorquoit autrefois chez les Ro- mains.

L'Auteur a employé les Chapitres * XXI. & XXII. à examiner quelles furent les Loix chez les Romains au sujet du prêt par contrat dans les di- vers tems de leur République ; son

* Livre XXII.

Critique quitte un moment les bancs de Théologie, & se tourne du côté de l'érudition. On va voir qu'il se trompe encore dans son érudition, & qu'il n'est pas seulement au fait de l'état des questions qu'il traite; lisons le Chapitre * XXII.

„ Tacite dit que la Loi des douze
„ Tables fixa l'interêt à un pour cent
„ par an , il est visible qu'il s'est
„ trompé, & qu'il a pris pour la Loi
„ des douze Tables une autre Loi
„ dont je vais parler. Si la Loi des
„ douze Tables avoit reglé cela ,
„ comment dans les disputes qui s'é-
„ levérent depuis entre les Créan-
„ ciers & les Débiteurs, ne se seroit-
„ on pas servi de son autorité? On ne
„ trouve aucun vestige de cette Loi
„ sur le prêt à interêt, & pour peu
„ qu'on soit versé dans l'Histoire de
„ Rome , on verra qu'une Loi pa-
„ reille ne pouvoit point être l'ou-

* Livre XXII.

„ vrage des Décemvirs. *Et un peu*
„ *après l'Auteur ajoute* : L'an 398 de
„ Rome , les Tribuns Duellius &
„ Ménénius firent paſſer une Loi qui
„ réduiſoit les interêts à un pour cent
„ par an. C'eſt cette Loi que Tacite
„ confond avec la Loi des douze
„ Tables , & c'eſt la premiere qui
„ ait été faite chez les Romains pour
„ fixer le taux de l'interêt , *&c.*
Voyons à préſent.

L'Auteur a dit que Tacite s'eſt
trompé en diſant que la Loi des douze
Tables avoit fixé l'Uſure chez les
Romains ; il a dit que Tacite a pris
pour la Loi des douze Tables , une
Loi qui fut faite par les Tribuns Duellius & Menenius environ 95 ans après
la Loi des douze Tables , & que cette
Loi fut la premiere qui fixa à Rome
le taux de l'Uſure. Que lui dit-on ?
Tacite ne s'eſt pas trompé ; il a parlé
de l'Uſure à un pour cent par mois,
& non pas de l'Uſure à un pour cent
par an. Mais il n'eſt pas queſtion ici

du taux de l'Uſure ; il s'agit de ſavoir
ſi la Loi des douze Tables a fait quelque diſpoſition quelconque ſur l'Uſure. L'Auteur dit que Tacite s'eſt
trompé , parce qu'il a dit que les Décemvirs de la Loi des douze Tables ,
avoient fait un Reglement pour fixer
le taux de l'Uſure : & là-deſſus le
Critique dit , que Tacite ne s'eſt pas
trompé , parce qu'il a parlé de l'Uſure
à un pour cent par mois , & non pas
à un pour cent par an. J'avois donc
raiſon de dire que le Critique ne ſait
pas l'état de la queſtion.

Mais il en reſte une autre , qui eſt
de ſavoir ſi la Loi quelconque dont
parle Tacite , fixa l'Uſure à un pour
cent par an , comme l'a dit l'Auteur ;
ou bien à un pour cent par mois ,
comme le dit le Critique. La prudence vouloit qu'il n'entreprît pas
une diſpute avec l'Auteur ſur les Loix
Romaines ſans connoître les Loix
Romaines ; qu'il ne lui niât pas un
fait qu'il ne ſavoit pas , & dont il

ignoroit même les moyens de s'éclair-
cir. La question étoit de savoir ce que
Tacite avoit entendu par ces mots
Unciarum * *fœnus* : il ne lui falloit
qu'ouvrir les Dictionnaires ; il auroit
trouvé dans celui de Calvinus ou
Kahl * * que l'Usure onciere étoit
d'un pour cent par an , & non pas
d'un pour cent par mois. Vouloit-il
consulter les Savans : il auroit trouvé

* Nam primò duodecim tabulis sanctum , ne quis
unciario fœnore ampliùs exerceret. *Anales , Liv.* 6.

* * Usurarum species ex assis partibus denòminan-
tur : quod ut intelligatur, illud scire oportet , sor-
tem omnem ad centenarium numerum revocari ,
summam autem usuram esse, cùm pars sortis cen-
tesima singulis mensibus persolvitur. Et quoniam
istâ ratione summa hæc usura duodecim aureos an-
nuos in centenos efficit , duodenarius numerus Ju-
risconsultos movit, ut assem hunc usurarium appel-
larent. Quemadmodum hic as, non ex menstruâ ,
sed ex annuâ pensione æstimandus est ; similiter
omnes ejus partes ex anni ratione intelligendæ sunt :
ut si unus in centenos annuatim pendatur, unciaria
usura ; si bini, sextans ; si terni, quadrans ; si qua-
terni, triens ; si quini quinqunx ; si seni, semis ; si
septeni , septunx ; si octoni, bes ; si novem, do-
drans ; si deni, dextrans ; si undeni, deunx ; si
duodeni as. *Lexicon Joannis Calvini , alias Kahl ,* Co-
loniæ Allobrogum , anno 1622 , apud Petrum Bal-
duinum , *in verbo* Usura , p. 960.

la même chofe dans Saumaife * ,

*Teſtis mearum centimanus Gigas
Sententiarum.* * *

Remontoit-il aux ſources : il auroit
trouvé là-deſſus des textes clairs dans
les Livres * * * de Droit ; il n'auroit
point brouillé toutes les idées , il eût
diſtingué les tems & les occaſions où
l'Uſure onciere ſignifioit un pour cent
par mois , d'avec les tems & les occaſions où elle ſignifioit un pour cent
par an ; & il n'auroit pas pris le douzieme de la centeſime pour la centeſime.

Lorſqu'il n'y avoit point de Loix
ſur le taux de l'Uſure chez les Ro-

---

* De modo uſurarum , Lugduni Batavorum , ex
officinâ Elſeviriorum , anno 1639 , p. 269 , 270 , &
271 ; *& ſur-tout ces mots* : Unde veriùs ſit unciarium
fœnus eorum , vel uncias uſuras , ut eas quoque
appellatas infrà oſtendam , non unciam dare men-
ſtruam in centum , ſed annuam.

* * Horace , Ode.

* * * Argumentum Legis 47 , §. Præfectus Legio-
nis , ff. de adminiſt. & periculo tutoris.

mains , l'ufage le plus ordinaire étoit
que les Ufuriers prenoient douze onces de cuivre fur cent onces qu'ils
prêtoient , c'eft-à-dire , douze pour
cent par an ; & comme un as valoit
douze onces de cuivre , les Ufuriers
retiroient chaque année un as fur cent
onces : & comme il falloit fouvent
compter l'Ufure par mois , l'Ufure
de fix mois fut appellée *Semis* ou la
moitié de l'as , l'Ufure de quatre
mois fut appellée *Triens* ou le tiers de
l'as , l'Ufure pour trois mois fut appellée *Quadrans* ou le quart de l'as ;
& enfin l'ufure pour un mois fut appellée *Unciaria* ou le douzieme de l'as :
de forte que comme on levoit une
once chaque mois fur cent onces
qu'on avoit prêtées , cette Ufure
onciere, ou d'un pour cent par mois,
ou douze pour cent par an , fut appellée Ufure centefime. Le Critique
a eu connoiffance de cette fignifica-
tion de l'Ufure centefime , & il l'a
appliquée très-mal.

On voit que tout ceci n'étoit qu'u-
ne espece de Méthode, de formule
ou de regle entre le débiteur & le
créancier, pour compter leurs Usures, dans la supposition que l'Usure
fut à douze pour cent par an, ce qui
étoit l'usage le plus ordinaire : & si
quelqu'un avoit prêté à dix-huit pour
cent par an, on se seroit servi de la
même méthode, en augmentant d'un
tiers l'Usure de chaque mois ; de
sorte que l'Usure onciere auroit été
d'une once & demie par mois.

Quand les Romains firent des Loix
sur l'Usure, il ne fut point question
de cette méthode qui avoit servi &
qui servoit encore aux débiteurs &
aux créanciers pour la division du
tems & la commodité du payement
de leurs Usures. Le Législateur avoit
un reglement public à faire ; il ne
s'agissoit point de partager l'Usure
par mois, il avoit à fixer & il fixa
l'Usure par an. On continua à se servir des termes tirés de la division de

l'as , sans y appliquer les mêmes idées ; ainsi l'Usure onciere signifia un pour cent par an , l'Usure *ex quadrante* signifia trois pour cent par an , l'Usure *ex triente* quatre pour cent par an , l'Usure *semis* six pour cent par an ; & si l'Usure onciere avoit signifié un pour cent par mois , les Loix qui les fixerent *ex quadrante* , *ex triente* , *ex semise* , auroient fixé l'Usure à trois pour cent, à quatre pour cent , à six pour cent par mois ; ce qui auroit été absurde , parce que les Loix faites pour réprimer l'Usure auroient été plus cruelles que les Usuriers.

La Critique a donc confondu les especes des choses : mais j'ai intérêt de rapporter ici ses propres paroles , afin qu'on soit bien convaincu que l'intrépidité avec laquelle il parle , ne doit imposer à personne ; les voici : * *Tacite ne s'est point trompé , il parle de l'intérêt à un pour cent par mois,*

* Feuille du 9 Octobre 1749 page 164.

& l'Auteur s'eſt imaginé qu'il parle d'un pour cent par an. Rien n'eſt ſi connu que le centeſime qui ſe payoit à l'Uſurier tous les mois. Un homme qui écrit deux volumes in 4°. ſur les Loix , devroit-il l'ignorer ?

Que cet homme ait ignoré ou n'ait pas ignoré ce centeſime , c'eſt une choſe très-indifférente : mais il ne l'a pas ignoré , puiſqu'il en a parlé en trois endroits. Mais comment en a-t'il parlé ? & où en a-t'il parlé ? * Je pourrois bien défier le Critique de le deviner , parce qu'il n'y trouveroit point les mêmes termes & les mêmes expreſſions qu'il ſait.

Il n'eſt pas queſtion ici de ſavoir ſi l'Auteur de l'Eſprit des Loix a manqué d'érudition ou non , mais de défendre ſes Autels. * * Cependant il a fallu faire voir au Public que le

* La troiſieme & la derniere Note Chapitre XXII, Livre XXII , & le texte de la troiſieme Note.

* * Pro Aris.

G

Critique prenant un ton si décisif sur des choses qu'il ne sait pas , & dont il doute si peu qu'il n'ouvre pas même un Dictionnaire pour se rassûrer , ignorant les choses & accusant les autres d'ignorer ses propres erreurs , il ne mérite pas plus de confiance dans les autres accusations. Ne peut-on pas croire que la hauteur & la fierté du ton qu'il prend par tout , n'empêche en aucune maniere qu'il n'ait tort ? que quand il s'échauffe , cela ne veut pas dire qu'il n'ait tort ? que quand il anathématise avec ces mots d'impie & de sectateur de la Religion naturelle , on peut encore croire qu'il a tort ? qu'il faut bien se garder de recevoir les impressions que pourroit donner l'activité de son esprit & l'impétuosité de son style ? que dans ses deux Ecrits , il est bon de séparer ses injures de ses raisons , mettre ensuite à part ses raisons qui sont mauvaises , après quoi il ne restera plus rien ?

L'Auteur , aux Chapitres du prêt
à intérêt & de l'Usure chez les Romains , traitant ce sujet sans doute le
plus important de leur histoire , ce
sujet qui tenoit tellement à la constitution qu'elle pensa mille fois en être
renversée ; parlant des Loix qu'ils firent par désespoir , de celles où ils
suivirent leur prudence , des regle-
mens qui n'étoient que pour un tems ,
de ceux qu'ils firent pour toûjours ,
dit vers la fin du Chapitre XXII:
*L'an 398 de Rome , les Tribuns Duellius
& Menenius firent passer une Loi qui ré-
duisoit les intérêts à un pour cent par
an . . . . Dix ans après , cette usure fut
réduite à la moitié ; dans la suite on l'ôta
tout-à-fait. . . . .*

*Il en fut de cette Loi comme de toutes
celles où le Législateur a porté les choses à
l'excès ; on trouva une infinité de moyens
de l'éluder ; il en falut faire beaucoup
d'autres pour la confirmer , corriger , tem-
pérer : tantôt on quitta les Loix pour suivre les Usages , tantôt on quitta les Usa-*

ges pour suivre les Loix. Mais dans ce cas l'Usage devoit aisément prévaloir. Quand un homme emprunte, il trouve un obstacle dans la Loi même qui est faite en sa faveur : cette Loi a contre elle & celui qu'elle secoure & celui qu'elle condamne. Le Préteur Sempronius Asellus ayant permis aux Débiteurs d'agir en conséquence des Loix, fut tué par les Créanciers, pour avoir voulu rappeller la mémoire d'une rigidité qu'on ne pouvoit plus soutenir.

Sous Sylla, Lucius Valerius Flaccus fit une Loi qui permettoit l'intérêt à trois pour cent par an ; cette Loi la plus équitable, & la plus modérée de celles que les Romains firent à cet égard, Paterculus la désapprouve. Mais si cette Loi étoit nécessaire à la République, si elle étoit utile à tous les particuliers, si elle formoit une communication d'aisance entre le débiteur & l'emprunteur, elle n'étoit point injuste.

Celui-là paye moins, dit Ulpien, qui paye plus tard : cela décide la question si l'intérêt est légitime, c'est-à-dire, si le

créancier peut vendre le tems , & le débi-
teur l'acheter.

Voici comment le Critique raisonne sur ce dernier passage qui se rapporte uniquement à la Loi de Flaccus & aux dispositions politiques des Romains. L'Auteur , dit-il , en résumant tout ce qu'il a dit de l'Usure , soûtient qu'il est permis à un créancier de vendre le tems. On diroit , à entendre le Critique , que l'Auteur vient de faire un Traité de Théologie , ou de Droit Canon , & qu'il résume ensuite ce Traité de Théologie & de Droit Canon ; pendant qu'il est clair qu'il ne parle que des dispositions politiques des Romains , de la Loi de Flaccus , & de l'opinion de Paterculus ; de sorte que cette Loi de Flaccus , l'opinion de Paterculus , la réflexion d'Ulpien , celle de l'Auteur , se tiennent & ne peuvent pas se séparer.

J'aurois encore bien des choses à dire ; mais j'aime mieux renvoyer

G 3

aux feuilles mêmes. *Croyez-moi, mes chers Pisons, elles ressemblent à un Ouvrage qui, comme les songes d'un malade, ne fait voir que des phantômes vains.* *

(*) Credite, Pisones, isti tabulæ fore librum Persimilem, cujus, velut ægri somnia, vanæ Fingentur species.

Horat, de Arte Poëticâ.

Fin de la seconde Partie.

DEFENSE

DE

L'ESPRIT DES LOIX.

TROISIEME PARTIE.

ON a vû dans les deux premieres Parties, que tout ce qui résulte de tant de Critiques ameres est ceci, que l'Auteur de l'Esprit des Loix n'a point fait son Ouvrage suivant le plan & les vûes de ses Critiques ; & que si ses Critiques avoient fait un Ouvrage sur le même sujet, ils y auroient mis un

très-grand nombre de choses qu'ils
savent. Il en résulte encore qu'ils sont
Théologiens, & que l'Auteur est Ju-
risconsulte ; qu'ils se croyent en état
de faire son métier, & que lui ne se
sent pas propre à faire le leur. Enfin,
il en résulte qu'au lieu de l'attaquer
avec tant d'aigreur, ils auroient mieux
fait de sentir eux-mêmes le prix des
choses qu'il a dites en faveur de la
Religion, qu'il a également respectée
& défendue : il me reste à faire quelques réflexions.

CETTE maniere de raisonner n'est
pas bonne , qui , employée contre
quelque bon Livre que ce soit, peut
le faire paroître aussi mauvais , que
quelque mauvais Livre que ce soit ;
& qui pratiquée contre quelque mauvais Livre que ce soit, peut le faire
paroître aussi bon , que quelque bon
Livre que ce soit.

CETTE maniere de raisonner n'est

pas bonne, qui , aux chofes dont il s'agit en rappelle d'autres , qui ne font point acceffoires , & qui confond les diverfes fciences , & les idées de chaque fcience.

I L ne faut point argumenter fur un Ouvrage fait fur une fcience , par des raifons qui pourroient attaquer la fcience même.

Q U A N D on critique un Ouvrage, & un grand Ouvrage, il faut tâcher de fe procurer une connoiffance particuliere de la fcience qui y eft traitée , & bien lire les Auteurs approuvés qui ont déja écrit fur cette fcience, afin de voir fi l'Auteur s'eft écarté de la maniere reçûe & ordinaire de la traiter.

L O R S Q U' U N Auteur s'explique par fes paroles, ou par fes écrits qui en font l'image, il eft contre la raifon de quitter les fignes extérieurs de fes penfées, pour chercher fes penfées, parce qu'il n'y a que lui qui sache ses pensées : c'est bien pis, lorsque ses pensées sont bonnes, & qu'on lui en attribue de mauvaises.

QUAND on écrit contre un Auteur, & qu'on s'irrite contre lui, il faut prouver les qualifications par les choses, & non les choses par les qualifications.

QUAND on voit dans un Auteur une bonne intention générale, on se trompera plus rarement, si sur certains endroits qu'on croit équivoques, on juge suivant l'intention générale, que si on lui prête une mauvaise intention particuliere.

DANS les Livres faits pour l'amusement, trois ou quatre pages donnent l'idée du style, & des agrémens de l'Ouvrage : dans les Livres de raisonnement, on ne tient rien, si on ne tient toute la chaîne.

Comme il eſt très-difficile de faire un bon Ouvrage, & très-aiſé de le critiquer, parce que l'Auteur a eu tous les défiles à garder, & que le Critique n'en a qu'un à forcer; il ne faut point que celui-ci ait tort : & s'il arrivoit qu'il eût continuellement tort, il ſeroit inexcuſable.

D'ailleurs, la critique pouvant être conſiderée comme une oſtentation de ſa ſupériorité ſur les autres, & ſon effet ordinaire étant de donner des momens délicieux pour l'orgueil humain, ceux qui s'y livrent méritent bien toujours de l'équité, mais rarement de l'indulgence.

Et comme de tous les genres d'écrire, elle eſt celui dans lequel il eſt plus difficile de montrer un bon naturel, il faut avoir attention à ne point augmenter par l'aigreur des paroles la triſteſſe de la choſe.

Quand on écrit sur les grandes matieres, il ne suffit pas de consulter son zèle, il faut encore consulter ses lumieres ; & si le Ciel ne nous a pas accordé de grands talens, on peut y suppléer par la défiance de soi-même, l'exactitude, le travail, & les réflexions.

Cet art de trouver dans une chose, qui naturellement a un bon sens, tous les mauvais sens qu'un esprit qui ne raisonne pas juste peut leur donner, n'est point utile aux hommes : ceux qui le pratiquent, ressemblent aux corbeaux, qui fuient les corps vivans, & volent de tous côtés pour chercher des cadavres.

Une pareille maniere de critiquer produit deux grands inconvéniens : le premier, c'est qu'elle gâte l'esprit des lecteurs, par un mélange du vrai & du faux, du bien & du mal ; ils s'accoûtument à chercher un mauvais

fens dans les chofes , qui naturellement en ont un très-bon ; d'où il leur
eft aifé de paffer a cette difpofition,
de chercher un bon fens dans les chofes, qui naturellement en ont un mauvais ; on leur fait perdre la faculté
de raifonner jufte , pour les jetter
dans les fubtilités d'une mauvaife dia-
lectique. Le fecond mal eft , qu'en
rendant par cette façon de raifonner
les bons Livres fufpects, on n'a point
d'autres armes , pour attaquer les mauvais ouvrages : de forte , que le Public n'a plus de regles pour les diftin-
guer. Si l'on traite de Spinofiftes &
de Déiftes ceux qui ne le font pas ,
que dira-t'on à ceux qui le font ?

QUOIQUE nous devions penfer
aifément , que les gens qui écrivent
contre nous , fur des matieres qui in-
téreffent tous les hommes , y font dé-
terminés par la force de la charité
chrétienne ; cependant , comme la
nature de cette vertu eft de ne pou-

voir guere se cacher, qu'elle se montre en nous malgré nous, & qu'elle éclate & brille de toutes parts ; s'il arrivoit que dans deux écrits faits contre la même personne, coup sur coup, on n'y trouvât aucune trace de cette charité, qu'elle n'y parût dans aucune phrase, dans aucun tour, aucune parole, aucune expression ; celui qui auroit écrit de pareils ouvrages, auroit un juste sujet de craindre de n'y avoir pas été porté par la charité Chrétienne.

Et comme les vertus purement humaines, sont en nous l'effet de ce que l'on appelle un bon naturel ; s'il étoit impossible d'y découvrir aucun vestige de ce bon naturel, le Public pourroit en conclurre, que ces écrits ne seroient pas même l'effet des vertus humaines.

Aux yeux des hommes, les actions sont toûjours plus sinceres que les motifs ; & il leur eſt plus facile de croire, que l'action de dire des injures atroces eſt un mal, que de ſe perſuader que le motif qui les a fait dire eſt un bien.

Quand un homme tient à un état, qui fait reſpecter la Religion, & que la Religion fait reſpecter, & qu'il attaque devant les gens du monde, un homme qui vit dans le monde ; il eſt eſſentiel qu'il maintienne, par ſa maniere d'agir, la ſupériorité de ſon caractere. Le monde eſt très-corrompu ; mais il y a de certaines paſſions, qui s'y trouvent très-contraintes ; il y en a de favorites, qui défendent aux autres de paroître. Conſiderez les gens du monde entr'eux, il n'y a rien de ſi timide : c'eſt l'orgueil qui n'oſe pas dire ſes ſecrets, & qui dans les égards qu'il a pour les autres ſe quitte pour ſe reprendre. Le Chriſtianiſme nous donne l'habitude de ſoûmettre cette orgueil, le monde nous donne l'habitude de le cacher : avec le peu de vertus que nous avons, que deviendrons-nous, si toute notre ame se mettoit en liberté, & si nous n'étions pas attentifs aux moindres paroles, aux moindres signes, aux moindres gestes ? Or, quand des hommes d'un caractere respecté manifestent des emportemens, que les gens du monde n'oseroient mettre au jour, ceux-ci commencent à se croire meilleurs qu'ils ne sont en effet ; ce qui est un très-grand mal.

Nous autres gens du monde, sommes si foibles, que nous méritons extrèmement d'étre ménagés. Ainsi, lorsqu'on nous fait voir toutes les marques extérieures des passions violentes, que veut-on que nous pensions de l'intérieur ? Peut-on espérer, que nous, avec notre témérité ordinaire de juger, ne jugions pas ?

On peut avoir remarqué dans les disputes

difputes & les converfations, ce qui
arrive aux gens, dont l'efprit eft dur
& difficile : comme ils ne combattent
pas pour s'aider les uns les autres,
mais pour fe jetter à terre, ils s'éloi-
gnent de la vérité, non pas à proportion de la grandeur ou de la petiteffe
de leur efprit, mais de la bifarerie ou
de l'inflexibilité plus ou moins grande
de leur caractére. Le contraire arrive
à ceux à qui la nature ou l'éducation
ont donné de la douceur : comme
leurs difputes font des fecours mu-
tuels, qu'ils concourrent au même
objet, qu'ils ne penfent différemment
que pour parvenir à penfer de même,
ils trouvent la vérité à proportion de
leurs lumieres : c'eft la récompenfe
d'un bon naturel.

QUAND un homme écrit fur les
matieres de Religion, il ne faut pas
qu'il compte tellement fur la piété
de ceux qui le lifent, qu'il dife des
chofes contraires au bon fens ; parce

H

que, pour s'accréditer auprès de ceux qui ont plus de piété que de lumieres, il se décrédite auprès de ceux qui ont plus de lumieres que de piété.

Et comme la Religion se défend beaucoup par elle-même, elle perd plus lorsqu'elle est mal défendue, que lorsqu'elle n'est point du tout défendue.

S'il arrivoit qu'un homme après avoir perdu ses Lecteurs, attaquât quelqu'un qui eût quelque réputation, & trouvât par-là le moyen de se faire lire ; on pourroit peut-être soupçonner, que sous prétexte de sacrifier cette victime à la Religion, il la sacrifieroit à son amour propre.

La maniere de critiquer, dont nous parlons, est la chose du monde la plus capable de borner l'étendue, & de diminuer, si j'ose me servir de ce terme, la somme du génie national. La Théologie a ses bornes, elle a ses formules ; parce que les vérités. qu'elle enseigne étant connues, il faut que les hommes s'y tiennent : & on doit les empêcher de s'en écarter ; c'est là qu'il ne faut pas que le génie prenne l'essor : on le circonscrit, pour ainsi dire, dans une enceinte. Mais c'est se moquer du monde de vouloir mettre cette même enceinte, autour de ceux qui traitent les sciences humaines. Les principes de la Géométrie sont très-vrais : mais si on les appliquoit à des choses de goût, on feroit déraisonner la raison même. Rien n'étouffe plus la doctrine, que de mettre à toutes les choses une robe de docteur : les gens qui veulent toujours enseigner, empêchent beaucoup d'apprendre ; il n'y a point de génie qu'on ne rétrécisse, lorsqu'on l'enveloppera d'un million de scrupules vains. Avez-vous les meilleures intentions du monde : on vous forcera vous-même d'en douter ; vous ne

pouvez plus être occupé à bien dire,
quand vous êtes sans cesse effrayé par
la crainte de dire mal, & qu'aulieu
de suivre votre pensée, vous ne vous
occupez que des termes, qui peuvent
échapper à la subtilité des Critiques.
On vient nous mettre un beguin sur
la tête, pour nous dire à chaque mot,
prenez garde de tomber : vous voulez
parler comme vous, je veux que vous
parliez comme moi. Va-t'on prendre
l'essor, ils vous arrêtent par la man-
che ; a-t'on de la force & de la vie,
on vous l'ôte à coups d'épingles ; vous
élevez-vous un peu , voilà des gens
qui prennent leur pied, ou leur toise,
levent la tête, & vous crient de des-
cendre pour vous mesurer ; courez-
vous dans votre carriere, ils voudront
que vous regardiez toutes les pierres,
que les fourmies ont mises sur votre
chemin : il n'y a ni science, ni litté-
rature, qui puisse résister à ce pédan-
tisme. Notre siécle a formé des Aca-
démies, on voudra nous faire rentrer

dans les Ecoles des siécles ténébreux. Descartes est bien propre à rassurer ceux qui, avec un génie infiniment moindre que le sien, ont d'aussi bonnes intentions que lui : ce grand homme fut sans cesse accusé d'athéisme, & l'on n'employe pas aujourd'hui contre les Athées de plus forts argumens que les siens.

Du reste, nous ne devons regarder les critiques comme personnelles, que dans les cas où ceux qui les font, ont voulu les rendre telles. Il est très-permis de critiquer les Ouvrages qui ont été donnés au Public, parce qu'il seroit ridicule, que ceux qui ont voulu éclairer les autres, ne voulussent pas être éclairés eux-mêmes. Ceux qui nous avertissent, sont les compagnons de nos travaux : si le Critique & l'Auteur cherchent la vérité, ils ont le même interêt ; car la vérité est le bien de tous les hommes : ils seront des confédérés, & non pas des ennemis.

H 3

C'est avec grand plaisir, que je quitte la plume : on auroit continué à garder le silence, si, de ce qu'on le gardoit, plusieurs personnes n'avoient conclu qu'on y étoit réduit.

FIN.

ECLAIRCISSEMENS.

I.

QUELQUES personnes ont fait cette objection. Dans le Livre de l'Esprit des Loix, c'est l'honneur ou la crainte qui sont le principe de certains gouvernemens, non pas la vertu ; & la vertu n'est le principe que de quelques autres : donc les vertus chrétiennes ne sont pas requises dans la plûpart des gouvernemens.

VOICI la réponse : L'Auteur a mis cette note au Chapitre V. du Livre troisiéme : *Je parle ici de la vertu politique, qui est la vertu morale, dans*

*le sens qu'elle se dirige au bien général,
fort peu de vertus morales particulieres,
& point du tout de cette vertu, qui a du
rapport aux vérités révélées.* Il y a au
Chapitre suivant, une autre note qui
renvoye à celle-ci : & aux Chapitres
II. & III. du Livre cinquiéme, l'Auteur a défini sa vertu, *l'amour de la
Patrie.* Il définit l'amour de la Patrie,
l'amour de l'égalité, & de la frugalité.
Tout le Livre cinquiéme pose sur ces
principes. Quand un Ecrivain a défini
un mot dans son Ouvrage, quand il
a donné, pour me servir de cette expression, son Dictionnaire, ne faut-il
pas entendre ses paroles, suivant la
signification qu'il leur a donnée?

LE mot de vertu, comme la plûpart des mots de toutes les langues,
est pris dans diverses acceptions; tantôt il signifie les vertus Chrétiennes,
tantôt les vertus payennes; souvent
une certaine vertu Chrétienne, ou
bien une certaine vertu payenne; quel-

quefois la force , quelquefois dans quelque langue une certaine capacité pour un art ou de certains arts. C'est ce qui précéde ou ce qui suit ce mot, qui en fixe la signification. Ici l'Auteur a fait plus ; il a donné plusieurs fois sa définition. On n'a donc fait l'objection que parce qu'on a lû l'Ouvrage avec trop de rapidité.

I I.

L'Auteur a dit au Livre second Chapitre troisiéme : ,, La meilleure ,, Aristocratie est celle, où la Partie ,, du Peuple, qui n'a point de part à ,, la puissance, est si petite & si pau- ,, vre, que la Partie dominante n'a ,, aucun interêt à l'opprimer : Ainsi ,, quand Antipater * établit à Athe- ,, nés, que ceux qui n'auroient pas

* Diodore , Livre XVIII. page 601. Edit. de Rhodoman.

„ deux mille drachmes feroient ex-
„ clus du droit de fuffrage, il forma
„ la meilleure Ariftocratie qui fût
„ poffible ; parce que ce cens étoit fi
„ petit, qu'il n'excluoit que peu de
„ gens, & perfonne qui eût quelque
„ confideration dans la Cité. Les fa-
„ milles Ariftocratiques doivent donc
„ être peuple autant qu'il eft poffible.
„ Plus une Ariftocratie approchera
„ de la Démocratie, plus elle fera
„ parfaite ; & elle le deviendra moins
„ à mefure qu'elle approchera de la
„ Monarchie.

DANS une Lettre inférée dans le
Journal de Trevoux du mois d'Avril
1749, on a objecté à l'Auteur fa cita-
tion même : on a, dit-on, devant les
yeux l'endroit cité ; & on y trouve,
qu'il n'y avoit que neuf mille perfon-
nes, qui euffent le cens prefcrit par
Antipater ; qu'il y en avoit vingt-
deux mille, qui ne l'avoient pas : d'où
l'on conclut que l'Auteur applique mal

ſes citations, puiſque dans cette République d'Antipater le petit nombre étoit dans le cens, & que le grand nombre n'y étoit pas.

RÉPONSE.

IL eût été à deſirer que celui qui a fait cette critique eût fait plus d'attention, & à ce qu'a dit l'Auteur, & à ce qu'a dit Diodore.

IL n'y avoit point vingt-deux mille perſonnes, qui n'euſſent pas le cens dans la République d'Antipater ; les vingt-deux mille perſonnes dont parle Diodore, furent reléguées & établies dans la Thrace ; & il ne reſta pour former cette République que les neuf mille Citoyens qui avoient le cens, & ceux du bas Peuple qui ne voulurent pas partir pour la Thrace. Le Lecteur peut conſulter Diodore.

2°. QUAND il ſeroit reſté à Athénes vingt-deux mille perſonnes qui n'auroient pas eu le cens, l'objection n'en ſeroit pas plus juſte. Les mots de *grand* & de *petit* ſont relatifs. Neuf mille Souverains dans un Etat font un nombre immenſe, & vingt-deux mille ſujets dans le même Etat font un nombre infiniment petit.

F I N.